张/口/就/能/搞/定/人　无/论/几/岁/都/受/用

受用一生的说话技巧

用你的巧嘴说动别人的双腿

秘祖利◎著

天津出版传媒集团

天津人民出版社

图书在版编目（ＣＩＰ）数据

受用一生的说话技巧：用你的巧嘴说动别人的双腿 /
秘祖利著. --天津：天津人民出版社, 2018.1
ISBN 978-7-201-12614-2

Ⅰ.①受… Ⅱ.①秘… Ⅲ.①语言艺术—通俗读物
Ⅳ.①H019-49

中国版本图书馆CIP数据核字（2017）第297015号

受用一生的说话技巧
SHOUYONG YISHENG DE SHUOHUA JIQIAO

出　　版	天津人民出版社
出 版 人	黄　沛
地　　址	天津市和平区西康路35号康岳大厦
邮政编码	300051
邮购电话	（022）23332469
网　　址	http://www.tjrmcbs.com
电子信箱	tjrmcbs@126.com

责任编辑	陈　烨
选题策划	李世正
特约编辑	5biao
内文设计	邱兴赛
封面设计	任燕飞

制版印刷	北京华创印务有限公司
经　　销	新华书店
开　　本	880×1230毫米 1/32
印　　张	9
字　　数	130千字
版次印次	2018年1月第1版　2018年1月第1次印刷
定　　价	38.00元

前言

　　会说话不是万能的，但不会说话绝对是万万不能的。绚丽成功的人生，与所拥有的超强口才密不可分。因为口才不好，表达不畅，你错过了多少机会？因为不善于沟通，人际关系紧张，你浪费了多少机会成本？卡耐基说过，一个人的成功15%靠专业知识，85%靠人际沟通与公众演讲能力。正所谓"一言之辩重于九鼎之宝，三寸之舌强于百万之师"，那种君子敏于行而讷于言的时代已一去不复返，可以说，会说话赢天下，敢说话赢天下，能说话赢天下，口才永远走在能力的前面。

　　很多成功人士都擅长用自己的巧嘴说动别人的双腿，如大家耳熟能详的乔布斯、扎克伯格、巴菲特、比尔·盖茨、马云、雷军，等等。这些人，经常是振臂一呼，追随者万千。大家信服他们，拥护他们，跟随他们。因此，他们才能网罗大量人才，与自己并肩前行在追逐梦想的道路上。

这一点，我们从马云身上便可窥见一斑。

作为国内最热的商界偶像之一，如果你听过马云的演讲，便会知道，他将残酷的现实与美好的愿景结合得多么"煽情"：

"创业的时候，我告诉自己，我做的事情是对的，我做的事情是非常艰难的，虽然很少有人做得了，但我愿意尝试。最艰难的黑暗是一个临界点，你跨过这个临界点，就有可能看到曙光，因为黎明前的黑暗是最难挨的。"

一个徘徊在坚持与放弃边缘的创业者，若听到这样的话语，多半会坚持下去：马云经历过创业的艰难，他此刻站在金字塔顶端，看来只要熬过黑暗，光明也能照耀到我的身上。

马云这种激励人心的说话技巧并非他独有。事实上，巧语动人是所有成功者的特质：他们强大的口才能力构建起了自己独特的气场，再结合个人原有的知识储备、技术背景等，使得他们在各类场合中游刃有余、娴熟把控、自如切换，对于他们来说，成功只是早晚的事。

事实上，会说话不仅对个人事业起着极其重要的推动作用，在生活中它也同等重要。想象一下这些场景：初次见面时、求人办事时、尴尬冷场时、遭人拒绝时、针锋相对时，如何长话短说、虚话实说、坏话好说、狠话柔说、笑话冷说、急话缓说，让人在听着舒服、愉悦的基础上，心甘情愿地为你跑腿、帮你办事、与你合作。

的确，一句话能让对方笑，一句话也能让对方跳，知道怎么说比说什么更重要。

是人才未必有口才，有口才一定是人才。请记住：投资口才就是投资未来！

CONTENTS

目 录

第一章　说好搭讪话，迈出成功交往的第一步

心理学家安东尼·罗宾逊说过这样的话：失败者同成功者最大
的区别在于他们对陌生人的态度。失败者认为陌生人带来的都
是麻烦，成功者认为陌生人都是自己的财富和资源。所以，成
功者会努力结交更多的陌生人并进入他们的朋友圈；而失败者
只是躲在一边，抱怨没有合适的人际关系和生不逢时。

第二章　说好求人话，找人办事不再难

世上没有办不成的事，只有不会办事的人。会求人，自然可以轻松驾驭人生局面，把不可能办成的事变为可能；不会求人办事，如同逆水行舟，无法借用身边资源，导致四处碰壁、寸步难行。

第三章　说好诱导话，打动人心才能催生改变

当你发现对方的言行与你的主张相背离时，你简单地表达自己的不认可只会让你们之间的矛盾显化。打动人心，才能让对方在行动上催生改变。此时，你应设身处地立足于对方的情感与目的，求同存异，有效沟通，让对方明白其言行并不恰当。

第四章 **说好赞美话，给予对方想要的认同感**

沟通的最终目的是要达成一致，而想达成一致，赞美是最简单有效的方法：它代表着你对他人的认可与欣赏。对话中，善于观察与总结，寻找对方最骄傲的所在，并适宜地表达赞美之辞，让对方感受到你的认同，接下来你们的交流势必畅通无阻。

第五章 **说好拒绝话，用正确的方式说"不"**

拒绝是一门艺术，拒绝更需要艺术。有些事总需拉下脸面才能做成，但我们在无数应该说"不"的场合沉默，在理应拒绝的时刻延宕不决。所以，拒绝需要果敢的勇气，更需要高超的智慧。

第六章　说好劝说话，反对的话也要说得让人舒服

劝说别人接受某种观点、行为或者事实是人们常遇到的问题。不少人苦于自己劝说无方，磨破了嘴皮，对方还是不为所动。其实，学会换位思考，充分理解对方，自然能打开对方心扉。

第七章　说好批评话，用对方最能接受的方式表达不同意见

指正他人的错误有时不可避免，但是，如果你一味地指责他人，或者只顾着照顾你所谓的"正确看法"，这样除了会让对方不满甚至是厌恶以外，你将一无所获。因为没有人喜欢被他人指

责。批评他人的关键在于，使用对方可以接受的方式表达意见。这就意味着，你必须要在批评他人的时候格外注意对方的感受与情绪。

第八章　说好妥协话，在让步中避开针锋相对

观点不一致、做法不相同时，一味地坚持自己的立场，难免会让矛盾白热化。很多时候，不一致根本无关对错与原则。在这种情况下，只有恰当妥协才能推动事情向前进展。妥协的话如何说，才能既不委屈自己又不贬低他人？这就需要你在交流中掌握一定的"让步"技巧。

第九章 ## 说好道歉话，放下面子表明对不起

生活中需要向一方道歉的场面比比皆是。有的人好话说了一箩筐，但丝毫不奏效，对方不仅不原谅他，而且双方的矛盾加深了；有的人道歉不过寥寥数语，就被对方原谅了。这就是道歉的智慧。

第十章 ## 说好反驳话，有逻辑地摆出让对方信服的理由

行走人生，最难坚持的是自我，最难把握的是尺度。放弃自我，便是曲意迎合；而过分坚持自我，又会矫枉过正。因此，我们在说反驳话的时候，谨记有理有据有节。是非功过，自在人心，你的原则在你的心中，而评价你的尺度却掌握在别人手中，所以要做的只是咬定原则不放松，任尔东西南北风。

第十一章　说好幽默话，与任何人都聊得来

美国一位心理学家说过："幽默是一种最有趣、最有感染力、最具有普遍意义的交际艺术。"人际交往并不总是顺畅的，当遭遇面面相觑的冷场、面红耳赤的尴尬……这个时候幽默一下，可以帮助你轻松应对一切：打破冷场，化解尴尬，消除误解，积聚人气……

第一章

说好搭讪话，迈出成功交往的第一步

心理学家安东尼·罗宾逊说过这样的话：失败者同成功者最大的区别在于他们对陌生人的态度。失败者认为陌生人带来的都是麻烦，成功者认为陌生人都是自己的财富和资源。所以，成功者会努力结交更多的陌生人并进入他们的朋友圈；而失败者只是躲在一边，抱怨没有合适的人际关系和生不逢时。

寻找共同话题是搭讪的 **关键**

　　当我们乘坐火车、飞机、地铁，或者置身其他公共场合，看到气质上佳、举止优雅、观之可亲的人，我们是同这样的人擦肩而过，还是满怀兴趣抓住时机去主动同对方交谈呢？在生活节奏紧凑的今天，我们决计不能再奉行"不要和陌生人说话"的原则，因为我们无意结交的陌生人，很有可能会变成我们的朋友、贵人，甚至人生伴侣。

　　如何成功让陌生人注意到我们、信任我们？

　　黄圣依是做销售的，同陌生人打交道简直就是家常便饭。她的同事们好多进了门就是递名片，然后被对方的前台或者老板直接拒绝，麻木地走出大门。黄圣依不想成为这样的销售员，她一直在琢磨总结"如何说好第一句话"这个问题。

　　黄圣依去一家酒吧推销DS平板音响（就是挂在墙上的一幅画，实际上也是音响，没有喇叭的音响）。一进酒吧，她发现酒吧中都是约翰·列侬的海报，剩下的装饰也和甲壳虫乐队有关。黄圣依心里有了谱。

　　见到老板，黄圣依说明来意，就在对方面露犹豫之色的时候，黄圣依话锋一转，对酒吧放的摇滚加以评价："现代摇滚乐的面貌，都被20世纪的The Beatles改变了……"她话还没有说完，就看见老板的眼睛亮了。

让陌生人注意到我们、信任我们，没有比搭讪更好的办法了。什么是搭讪？就是为了跟人接近或把尴尬的局面敷衍过去而找话说，寻找话头借以展开攀谈。搭讪最大的好处在于它不仅能让你的心灵随之改变，向上提升，而且能让你扩充能量，走出人际疏离，活得自信开心，对自己和他人充满兴趣和热情。而搭讪的关键，就是找到共同的话题。

中心开花法

奥地利著名的心理学家阿尔夫·阿德勒曾经说过："对别人不感兴趣的人，他一生困难最多。"事实上也是如此，如果对方觉得你对他的兴趣不感兴趣，甚至是鄙薄的，那么是不会跟你"合群"的。为了让我们的话题成为展开交谈的媒介，为了让我们的话题成为深入细谈的桥梁，我们要选择对方感兴趣的话题。这样才能让话题成为一个中心，而后语花四溅。

杨子在地铁站台看到一个坐在休息椅上等车来的女孩，长腿蜂腰，气质高雅，容貌漂亮。他一见倾心，便挨着女孩坐下，见对方有意无意地在用手指敲打着节拍，好像是学音乐的，就说道："我能请教您一个问题吗？"女孩很惊讶，但是还是很礼貌地点头说可以。杨子接着说，"我觉得拉小提琴的男生和弹钢琴的男生都很有气质，有贵族气，优雅。弹吉他的男生酷，热情奔放。现在我的问题是，我是该学吉他还是小提琴，抑或钢琴呢？"女孩莞尔一笑，说道："我觉得钢琴好，因为……"两个人的话匣子就这样打开了。

虽然为了能和女孩长期交往，杨子之后不得不去恶补巴赫、肖邦、理查德·克莱德曼等相关音乐知识，但是可以肯定的一点是，杨子成功搭讪了一个美女。杨子成功搭讪的秘诀就是找到女孩感兴趣的话题，用这个话题当引子，顺利地展开了谈话。

投石问路法

投石问路，顾名思义，就是先抛出几个问题了解一下对方的大概喜好和兴趣等，然后再进行有目的的交谈。投石问路的好处就是避免了无的放矢，而且问陌生人的喜好、兴趣，能顺利地代入到对方感兴趣的事，因为每个人都乐于跟他人谈论自己最熟悉、最喜欢的话题。

商业谈判也许没有什么大不了，但是对于头次坐上这张桌子的李新宇来说，很不适应。本来目的很明确，但是一坐上谈判桌就忘了自己该先说什么，心中早就准备好的话，也不知道该怎么表达了。

谈判的间隙，李新宇在休息室调整思绪。对方的谈判代表过来了，李新宇鼓足勇气问对方："您平常都喜欢做些什么呢？"对方很诧异，但是这个问题很稀松平常，于是实话实说道："喜欢开车出去兜风。"李新宇大胆推测对方压力很大，于是说："我压力大的时候，喜欢开越野车去远行，心情就会慢慢好起来。"对方也很认同，两个人在休息室你一言我一语聊得很投机。

李新宇的高明之处就在于他主动问对方一个看似很平常的问题，让对方在毫无防范的情况下，将自己的爱好和盘托出。由此，李新宇知道了对方的喜好，也就找到了双方都感兴趣的话题。

观察入微法

并不是每个人都乐意回答你的问题，在一定的情景下，观察入微法就有用武之地了。观察入微就是从对方的着装、气质、谈话习惯等方面，断定对方感兴趣的事物是什么。这一点非常有用，对方的喜好总是会在外部表现出来。比如非主流，一般戴的鼻环、舌环什么的总是要超过三个；比如暴发户，戴的金链子总要比小拇指粗。注意对方的外部细节，可以让我们顺利找到共同话题，从而展开搭讪行动。

因为工作的关系，小A经常出差。

小A喜欢多花点儿钱坐头等舱，原因很简单：坐头等舱的人一般来说都是成功人士，小A觉得跟他们交谈能提升自己。

有一回小A的旁边坐了一位老爷子，正在闭目养神，似乎不想跟人交谈。小A发现，老爷子的食指和拇指间有一层薄薄的茧子，小A听说只有拉二胡很有功力的人才会长这样的茧子，于是在老爷子睁开眼睛的时候，不失时机地说："现在的京胡拉得好的人越来越少了，我上次去听《牡丹亭》，拉胡琴的竟然没有拖住唱腔……"老爷子也感同身受，搭腔道："可不，学钢琴的越来越多了，拉二胡的越来越少了……"两个人相谈甚欢，后来竟然发展成了忘年交。

小A就是凭借细致入微地观察，才为自己带来一位忘年交。要知道，人的穿着或者行为动作，往往是身份、喜好的最好标签，想要搭讪成功，了解这些标签必不可少。

得体的称呼才有继续交谈的**机会**

　　无论是在生活中还是职场上，交流都是一件非常重要的事情，不管是对上司、对属下，对客户、对同仁，对丈夫、对妻子，都需要很好的沟通技巧。这样的沟通便叫作人际交流，而和人际交流如影随形的便是人际称谓了。所谓的人际称谓就是人们在日常交往中彼此间的称呼语，正如每一种事物都有一个名称一样，人际称谓也是丰富多彩的，它往往反映了社会复杂的人际关系。不同的人际称谓所表示的身份、地位、职业等都不同，可以说人际称谓就是一把尺子，能度量出你和对方的人际关系。

　　李刚去某公司推销汽车保险，好不容易跟这个公司的副总牵上了线。李刚小心翼翼的，唯恐这个单做不成。好在对方副总为人豪爽大气，李刚消除了最开始的尴尬，跟对方侃侃而谈。副总姓骆，李钢便一口一个"骆副总"，自认为叫得没错，但是对方的脸色却渐渐地晴转多云。李刚有点丈二和尚摸不着头脑，但还是硬着头皮继续说下去。看到副总从最初的兴致盎然到最后的意兴阑珊，李刚心知肚明自己的这单生意黄了。

李刚的汽车保险为什么没能推销出去？原因很简单，副总很忌讳别人叫他的时候加上一个"副"字。由此可见称谓对人际交流的重要性。那么，在跟他人进行人际交流时，怎样才能做到称呼得体呢？

礼貌的称呼人人爱

称呼要礼貌得体，礼貌得体的称呼可以说是人听人爱。

朗朗进入公司不久，面对公司一百多人迷糊不已，他记不住大伙的姓名，喊人的时候，就喊一声："那个谁，接个电话！"他接客户电话的时候，就像对方是自己的知交好友一样："喂，谁啊？"人家给他帮忙，他认为都是同事不应该客气，从不表示谢意。年终考核，朗朗是当之无愧的倒数第一名。

无论在生活中还是职场上，礼貌的称谓都是必不可少的，因为你对他人的称谓最能表达出你是否对人尊重。言为心声，很多人莫名其妙葬送前程，追本溯源就在于不拘礼貌称谓的小节。

尊崇的称谓人人喜

一般来说，我们中国人都有崇大、崇老、崇高的心态，所以尊崇的称谓是人人都喜欢的。

老秦是我们单位的老同志了，年龄比刘经理大不少，工作经验丰富，在同事中也有一定的人缘，但是职位却始终没有上去，在刘经理的麾下多少有些屈就的成分。老秦每次在正式场合都高声大嗓地叫刘经理为"小刘"。有一次，几个人出外洽谈业务，客户希望有人介绍一下当前情况。老秦张口就说："让小刘说吧。"客户愣了："你们经理没来吗？还是让你们的经理说说吧。"

"小刘就是经理。"老秦补充道。

刘经理心里肯定不是滋味。就算刘经理豁达，不同老秦一般见识，但是久而久之，隔阂的产生也是在所难免。所以说，老秦对刘经理的称呼很不妥，不但使自己看起来毫无风度，而且不利于工作的正常开展。

揣摩好对方的年龄和心理的称谓最受欢迎

称谓，要把握住对方的年龄和心理特点。人的心理很奇怪，越是没有的，越要拿出来标榜。打个比方来说，我们小时候常常希望别人将我们叫得大一些，而当我们进入成年以后，又希望别人叫自己叫得小一点儿。正是因为人们的心理变化多端，所以揣摩好交际对象的年龄和心理的称谓最受欢迎。

上一次和同事去超市买东西，结账的时候，收银台前排起了长龙。闲来无事，我们便和排在我们前面的女子攀谈起来。该女子虽然穿着入时，但是额头、眼角已经有掩饰不住的岁月的痕迹。同事今年22岁，一口一个"大姐"。女子脸色渐渐难看，对话的热情直线下降，最后终于忍无可忍，勃然变色道："我有这么老吗？"

同事的错误就在于没有揣摩好对方的心理。对方刻意打扮，自然是在跟衰老进行顽强抗衡，生怕被人指出她老，而同事却哪壶不开提哪壶，受到对方冷言相向纯属自讨没趣。

巧嘴小课堂

　　好的称谓无外乎三种：礼貌得体的称谓，让你的形象更上一层楼；尊崇的称谓，让你迅速打开人际交往的局面；揣摩对方心理和年龄的称谓让你迅速成为对方眼里最可爱的人。

不伤大雅的俏皮话，别人更易 **接受你**

在如今的社会，某种程度上说，你认识的人越多，意味着能帮助你的人或者说能给你带来机会的人就越多。

单位跟合作公司开联谊会，内向的刘涛本来不喜欢这种事情，但是领导要求全体出席，只好去了。

枯坐在那里的刘涛感觉没意思，见旁边一位西装笔挺的男子也闷闷不乐的样子，就想同对方说几句。

"不开心？"刘涛也很惊讶自己竟然能大咧咧地搭讪陌生男子。

"嗯！"男子看起来也很惊诧。

刘涛笑眯眯地掏出钱包，钱夹子上有一个秃顶的老头的漫画："瞧，这是我画的我们老板的漫画。我不开心的时候经常看这张漫画。我告诉自己，连他我都能摆平，世界上还有什么摆平不了的事？"男子会意地笑了。

两人的话匣子打开了，竟然有相见恨晚的感觉。

刘涛用一句俏皮话顺利地拉近了两人的距离。俏皮话能使社交的气氛变得轻松融洽，有利于沟通交流的顺利达成。那么什么时候我们

11

该用俏皮话呢?

开场白用俏皮话，为你的印象增分

开场白加入俏皮话，让对方笑逐颜开的时候加深对我们的印象。

我是幸福牌床垫的推销员，因为这个季度的销售额度完成得还算不错，所以经理让我给同事们做一个小的经验发布会。经理告诉我，同时参会的还有几位潜在的客户，希望我好好把握机会。我上台的时候发现就几个同事，剩下的都是陌生脸孔，饶是我身经百战，还是有一点儿小愣神，整理了半天的思绪才说："幸福，不是长生不老，不是大鱼大肉，不是说一不二，而是恰如其分，就像是猫吃鱼、狗吃肉、奥特曼打小怪兽。"台下爆发一阵笑声。

经验发布会后，好几位潜在的客户找到我，表示愿意同我们签订销售合同。这几位客户看我的时候都是笑眯眯的。

瞧，这就是开场白使用俏皮话的魅力。俏皮话就像是润滑剂，能有效地改善陌生人之间本能的抗拒。

尴尬的时候用俏皮话，帮你顺利"破冰"语言僵局

与陌生人交流最大的尴尬就是双方的交谈陷入冰冻期，两两相坐，视线相对，气氛除了尴尬还是尴尬。这个时候，俏皮话就可以登场了。

其实不光是同陌生人交流，即便是和熟识的人交往，我们也难免会遇到尴尬或者话题聊完的僵局。这个时候说两句俏皮话，首先能给

我们的形象增分，其次，更能打破交流的僵局，让谈话得以延续。

结尾说俏皮话，别人想忘都忘不了你

"余音绕梁，三日不绝"是种境界，在人际交往中，如果能让我们的形象也达到这种境界，那么我们人际交往的最终目的便算达成了。一个人，在人际交往的结尾赢得交往对象的笑声，那么不仅能给对方留下愉快美好的回忆，也能为自己赢得同对方后续交流的机会。

所以说，以俏皮话作为结尾，将你的形象根植对方心中，彰显你的幽默、你的巧妙，可谓一举两得。

巧嘴小课堂

物以稀为贵，俏皮话也同此理。偶尔出口的俏皮话就像是宝石一样，将你的形象点缀得熠熠生辉，如果我们滥用俏皮话，就像浑身上下挂满了宝石，别人会以为我们没有品位。

肢体语言也是搭讪的 **必备技巧**

在搭讪的过程中，除了语言上的技巧外，还可以借助表情、姿势、动作等肢体语言。

在理发店等候的空当，张扬决定和一起等候的客人说说话。虽然对方不认识张扬，但是张扬可认识他。对方是空港众合酒店负责招聘的主管，而张扬想应聘这个酒店的商务司机。这个酒店要求商务司机的驾照是B本，而张扬的是C本，所以他想走个"捷径"。

张扬主动出击，和对方搭话。他站起来，直面对方，双臂交叉抱于胸前，说："每次来这家理发店都需要排队，您也是吗？"

对方只是礼貌地应了一句："有时候会这样。"说罢，拿起一本杂志，显然是不准备和张扬继续攀谈下去。

张扬很是沮丧。

张扬的搭讪为什么会无功而返？

注意他的肢体语言，一般来说，双臂交叉抱于胸前被人认为是警惕和防备的信号。

另外，张扬是用身体的正面面对对方。如果我们在搭讪的过程中，用身体的正面面对对方的话，会被对方看成是"低价值"的行为。换言之，对方会觉得你是来"攀关系"的。

用这种肢体语言来搭讪，成功率就会被拉低。那么该怎么做呢？

打开双手，放开"怀抱"

不要小看双手打开这个动作，这是一种开放性的姿势，潜台词是你愿意向对方敞开你的世界，相当于展示了你想认识对方的诚意。

赵信在健身的时候注意到一位健身的女孩，身材非常性感，他想认识对方。在对方运动间隙，赵信过去攀谈。赵信一手放在椭圆机的扶手上，一手自然下垂，问对方："你一定经常举铁吧？"

对方点了点头，反问赵信："你怎么知道的？"

赵信抬了抬手腕，说："你的身材媲美超模，肯定是经常举铁锻炼出来的。"

对方非常开心。

两人聊了片刻，发现彼此不仅都喜欢健身，而且都喜欢看电影，都喜欢东野圭吾……聊到兴浓处，女孩主动提出交换联系方式。

赵信不仅打开双手，放开"怀抱"，还露了一下手腕——无论男女，腕关节都被认为是一个比较性感的位置，当人将腕关节暴露在对方的视线中时，就传递了"我对你很感兴趣"的信号。

调准视线，表露真诚

很多人相信，直视对方的双眼能让其感受到自己的诚意，其实不然。我们在和人沟通，尤其是在和陌生人沟通的时候，要灵活地调整我们的视线。因为长时间地凝视，往往会让对方不自在。

王宇是丽都馨园的房地产销售人员，他的销售业绩非常亮眼，几乎每个潜在客户和他交流后，都会变成客户。有一回王宇接待了一个客户的咨询。

客户：您好，我想咨询一下咱们楼盘的具体情况。

王宇：（直视客户）您好，咱们的丽都馨园是海景房，距离大海开车仅需10分钟，目前有40平方米的开间和70平方米的两居室，都是落地大窗，无遮挡，在自家就能欣赏到大海的美景。小区绿化面积达到30%，在同类小区中是绝对罕见的。咱们的房子，周围有两所重点小学，一所重点中学，一家三甲医院……"

客户：听你这么说是挺不错的，可是我看到一平方米的价格是7500元，这个价格对于我们工薪阶层来说是有点儿高的。

王宇：（视线转移到用户鼻部）我们的价格和同类小区相比虽然属于中等水平，可是我们的升值速度目前却是最高的。我们一期的房子，当时成交价是4500元一平方米，现在一期的现房已经涨到了8000元。照这个势头，现在二期的房子肯定也会涨。

这位潜在客户最终留下了王宇的联系方式。

王宇的肢体语言非常到位：在介绍房源的具体信息时，他直视对方的双眼，以表达自己说的话是真实的；在对方表示买房有一定压力的时候，他视线转移到了对方的鼻部，因为，如果他完全不看对方的话，会让对方觉得他傲慢无礼。

常常微笑，打开局面

笑容，绝对是令人愉悦的肢体语言，它不仅能有效地缩短人和人之间的心理距离，同时还能营造出良好的沟通氛围。在搭讪的过程中保持微笑，能让搭讪事半功倍。

钱钟爱在机场候机的时候，发现邻座的男士正在看《傲慢与偏见》。候机无聊，钱钟爱主动上前搭讪："您好，我想问一下这本书好看吗？"

邻座的男士抬起头，很有礼貌地对她说："还好，您要看吗？"

他真帅！钱钟爱的心怦怦地跳了起来。"我看过同名的电影，很好看，但是一直没有机会看原著……"为了表示自己的懊恼，她努了努嘴。

对方的态度一下子淡了下来，说："哦，这样啊。"说罢又低下头看起自己的书来。

钱钟爱非常懊恼，懊恼自己平时没有多花时间看书。

是看书多少的问题吗？

在社交活动中，努嘴、撇嘴都在传递负面的信息——不屑、轻蔑。很明显，上面案例中的那位男士觉得钱钟爱对自己看纸质书的行为很不屑。

所以说，跟人谈话时，要避免努嘴和撇嘴的表情，最好保持住微笑状态，如果微笑能成为我们的常规表情，那么沟通的成功率肯定相当高。

巧嘴小课堂

当我们捂着嘴或者支着下巴的时候，别人就会以为我们不想说话，在思考。没有人愿意打扰一位思考者。反过来说，当我们和人搭讪的时候，自己首先要避免这类动作。

不能一直说"是"，适当否定才能 **掌握主动**

很多人都认可这句话——人际关系往往就是人情的互换。但即便是互换，也需要条件，人们更愿意和自己同等地位的人进行互换。人们如何判断彼此是否处于同等地位？其实并不只单纯地看经济条件或者社会身份，还包括相处时的反应、态度、语言等。

如何让对方认可你是同等地位的人呢？让我们看看马文森是如何做的。

作为金融分析师，马文森受邀参加行业峰会。会上，他惊喜地发现孔延也在其中。孔延，在这个行业内大名鼎鼎，所以很多人都上前请教。

马文森上前的时候，孔延正在介绍互联网基金规模正在逐年递增，P2P网贷市场也会越来越好。旁边的人无不赞同，唯独马文森发出了不和谐的声音："没错，P2P网贷市场从2013年开始出现了爆发式的增长。可是在野蛮生长的过程中，在无监管、无门槛的情况下也暴露了很多问题。所以我更倾向于，未来P2P网贷市场的发展会变缓，但会走得更稳。"

孔延听见了"不和谐"的声音，非常意外，他点了点头："这就是我接下来要说的。"会后，孔延主动给马文森留下联系方式。

回顾这个场景，马文森通过否定对方部分话语的方式脱颖而出。在一群"应声虫"般的人中，他的否定显得非常显眼。另外，他的否定也向对方传递一个信号："我们都是金融分析师，我们的地位是平等的。"

所以说，我们在人际交流中，不能一直说"是"，适当否定才能占据主动。

否定小，赞同大

当然，不分青红皂白地否定，是万万不可取的。

蒋卓乐的相亲对象非常热心环保，在相亲过程中不无自豪地说起自己在生活中种种节水的行为。为了给对方留下更深刻的印象，蒋卓乐故意不按套路出牌："节约用水有什么用？中国浪费水的人那么多。"

相亲结束后，对方就不和蒋卓乐联系了。

为什么不肯和他联系？因为人际交往中自我价值保护原则在发挥作用——你我道不同，自然不相与谋。

所以，在人际交往中，为了让交往对象对自己刮目相看，可否定对方一些无关痛痒的言行，但不能否定对方的价值观、做事原则。

假否定，真赞同

梁颖创立了一家高科技公司，需要找愿意给她的公司投资的金融机构。历尽艰辛，天爱投资给她发来信息，相关负责人愿意和她见一面。

负责人的问题很多，梁颖有问必答。但是话题的导向一直是由对方掌握，直到对方问了个问题："我认识很多像你一样的创业者，他们最开始都有一腔热血，可是在遭遇到困难后，很多人都放弃了。那么梁小姐，你会在接下来的几年里，都保持着这份创业的热情吗？"

"不，"梁颖斩钉截铁地回答，就在负责人目瞪口呆的时候，她给出了完整答案，"不仅是接下来的几年，还包括余生，我都会一直保持！欢迎您一直监督我！"对方点了点头，相当满意她的回答。接下来，梁颖就自己的商业计划开始了详细介绍。

三个月后，梁颖的公司被天爱投资正式引入了投资计划。

梁颖就是利用了"假否定，真肯定"的方法说出了自己的答案，让负责人看到了自己的决心和干劲。

这种否定的技巧，在人际关系中我们可以常用，往往能起到出奇制胜的效果。

＂ 巧嘴小课堂

我们不能一直说"是"，不等同于我们总要在人际关系中和交往对象唱反调。适当地否定能引起对方的关注，是引导话题的手段之一。

第二章

说好求人话，
找人办事
不再难

世上没有办不成的事，只有不会办事的人。会求人，自然可以轻松驾驭人生局面，把不可能办成的事变为可能；不会求人办事，如同逆水行舟，无法借用身边资源，导致四处碰壁、寸步难行。

先给人礼遇再求人 **办事**

说服别人帮助我们，而且是心甘情愿地帮助我们，是一门技巧。

一提起小梦，大家都很发怵，虽然她业务能力很强，但是为人冷漠，不喜欢参加集体活动，可是有些问题还非得小梦来解决不可。小李的案子有问题，想让小梦帮忙，便装作无意地在小梦身边抱怨："讨厌死了！我真是没用！这样的工作就是要我命呢！"小梦抬头看看小李，小李再接再厉，"要是小梦你，肯定能干好！"小梦莞尔一笑，伸手接过了小李的文件夹。

小李之所以这么容易让小梦帮忙，究其原因就是给小梦戴了"肯定能干好"的高帽。什么是戴高帽？就是把一个人的优点、专长、名誉用恰当的话表达出来，让对方乐于接受。其心理学依据就是"期待效应"。所谓期待效应，就是在人际交往中，一方充沛的感情和较高的期望可以引起另一方微妙而深刻的变化。也就是说，当你用高帽将对方捧至一定的高度的时候，对方就会做出这个高度应该做的事情。

据心理学家调查分析，求人办事，给对方戴顶高帽常常是无往不利。不过话说回来，戴高帽有别于阿谀奉承、讨好卖乖之类的庸俗言行，它必须针对对方的实际，把好话说圆，给人以真诚感，令对方欣然接受。因此，**戴高帽**是人际交往中一种常用的说服技巧，如果运用得当，对促进人际交往会有意想不到的效果。

用对方最自豪的事情做高帽

一般来说，当你需要一个人帮助，而这个人恰好对你有意见的时候，你就需要给对方戴上一顶抚慰式的高帽，选取对方最值得欣慰和自豪的事情，用肯定、赞许的口吻大加赞赏，让对方在充满成就感、满足感的心态下得到极大的抚慰，从而化解怨愤，主动帮助你。

晓岳想考研，恰好他想考的导师跟自己的父亲是旧识，便请父亲出马。父亲为了儿子的前途，邀请老教授来家小酌。两人谈古论今，说到两人上山下乡的经历，不禁相对唏嘘。这个时候，晓岳父亲对教授说："记得那个时候，你都不忘教授村里的那些小孩子。那可是一群混孩子，愣是让你教育得文质彬彬，听说后来好多都考上了大学。你厉害啊！"老教授满面含笑，说："教书育人，我生命价值所在啊！生命不息，教育不已。"晓岳父亲接着说，"我家小儿子晓岳，不成气候，也想送到你门下调教调教，如何？"老教授看了看晓岳，又问了几个问题，便应允下来。

晓岳父亲成功让教授收晓岳为弟子，便是用对方最自豪的事情给对方戴高帽——在乡村那样艰苦的条件下，尚且能将混孩子教育成器，现在这种条件下，并不是混孩子的晓岳主动要求上进，自然没有拒绝的理由。

用对方的优点做高帽

戴高帽不是轻而易举的事情，一项适合所有人戴的高帽就是赞美对方的优点，当然，是赞美对方可能帮助你的优点。

甲想让乙帮助自己代销一批电器，无奈跟乙交情并不是很深厚。甲找到乙，张口便说："听别人说你最是义气，性格跟及时雨宋公明一样，遇见自己能帮的人，一概都会出手，不管对方是不是你的朋友，这话是真的假的？"

乙说："那是自然，我们北方汉子，最注重的就是义气，别人敬我们一尺，我们敬别人一丈。"

"那能不能也帮帮小弟我？我有一批电器……"

"没问题！"

要知道，高帽尽管好，可是尺寸也要合乎规格，滥做过重的高帽显然是不明智的，当人们发现你言过其实的时候，会觉得他们受到了愚弄，生气都来不及，哪里还可能再帮你。

巧嘴小课堂

人们对于显而易见的高帽总是抱有一定的戒备心理，所以我们在给别人戴高帽的时候，切忌浮夸、露骨，华而不实的溢美之词只会适得其反。

用假设事先探听对方的 **态度**

试探就是先探看一下对方的态度，如果对方是自己的潜在顾客，主动试探就很可能做成生意；如果对方不是，那么也避免浪费精力。当我们求人办事的时候先投石问路，提前试探一下对方的态度是非常好的办法，可以说是进可攻、退可守。

抛砖引玉，用自己的看法引出对方的态度

试探性的说话，很多时候并不是要表明什么观点，而是要表明自己的看法。用自己的看法引出别人的态度，就能明白别人具体的想法、立场。求人的时候，如果你先提出一件事情，并表明对这件事情的看法，如果对方的看法和你一致，便可以不失时机地提出需要帮助；如果对方和你的看法完全对立，那么就可以打消让对方帮助的想法了。

老张开了一家销售代理公司，初期厂家支持很大，业务发展非常迅速，于是他大规模扩张。不久公司的资金就出现了问题。厂家看到了这种情况，开始持观望的态度。老张想让几家厂家再度支持，便去

拜访这几个厂子的老总。寒暄完毕，还没有进入主题，恰好客厅的电视中播放着韩信的故事，老张便感慨道："滴水之恩，涌泉相报啊！你看这韩信不过受漂母的一饭之恩，却以千金报答啊！"对方笑笑说："这漂母是一个人吃饱全家不饿，要是拖家带口，自己家人都吃不饱，用什么帮助韩信呢？"

接下来老张又寒暄了几句别的，便借故告辞而去，因为在谈话间老张已经用自己的观点——滴水之恩当涌泉相报，试探到了对方的态度——责任过大，有心无力。如果自己再提出求助，无异于自讨没趣。

情景假设，让对方说出自己的态度

现实生活中，很多时候要想准确地知道交流对象的态度，不妨给对方讲个故事，描述个趣闻，用假设的场景套出对方的态度。

吕方很喜欢娜娜，娜娜似乎也不讨厌吕方，两个人经常在一起打打闹闹、吃吃喝喝，好像比普通朋友近一点，但好像比恋人又远了一点。两个人维持着这种若即若离的关系很久，直到公司中新来了一个员工刘庚。他对娜娜展开疯狂的追求，吕方很是有危机感，但是他不知道该怎么表白，也不知道娜娜的具体态度，便约娜娜去餐厅吃饭。

吕方对娜娜说："我有一个朋友，喜欢上一个女孩，两个人挺好的，但是比恋人又远了点儿。现在有别人追求那个女孩，我朋友就想跟这个女孩表白。你说那个女孩会不会接受？"

娜娜说："我也有一个朋友，喜欢上一个男孩，两个人挺好的，但是比恋人又远了点儿，现在有别人追求我的朋友，我的朋友就在等待那个男孩表白，你说那个男孩会表白吗？"

多么温情的结局。退一步讲，吕方这么做，即便娜娜不接受自己，他也能退而求其次做娜娜的蓝颜知己。

佯装猜错，套出对方态度

这种方法是一种迂回战术，就是跟别人在一起的时候，故意说错一些事实，或者根本自己胡编乱造一通，在对方纠正事实的过程中，获得自己需要的有利信息，印证别人的真正态度。心理学家曾经做过这样一个实验，当人们发现白纸上有一个不太圆的圆圈的时候，总是会有将它改圆的冲动。同样道理，当交际对象认为你的态度或者观点错误，也会下意识地纠正你。如此，你便能从对方的下意识中清楚对方的真实态度。

朱真芳想让马诺代班，但是这个月已经让马诺代过一次了，不太好意思开口。

然而，不开口也不行，因为家中确实有事情。于是朱真芳跟马诺说："你说这婆婆病了，为什么非要儿媳妇去医院伺候呢？"马诺笑呵呵地说："话可不是这么说的，婆婆也是妈啊！"

"唉，我婆婆病了。工作这么忙，我也走不开呀。"

"那我帮你代班吧。"

"真不好意思，又麻烦你了。"

"别客气。"

瞧，就是这么简单。

大事化小，别让对方过于 **为难**

心理学上有一个效应叫登门槛效应，又称得寸进尺效应，是指一个人一旦接受了他人一个微不足道的要求，为了避免认知上的不协调，或想给他人以前后一致的印象，就有可能接受他人后续提出的更大的要求。这种现象，犹如登门槛时要一级台阶一级台阶地登，才能登上高处。所以我们在求人办事的时候，不妨大事化小，以达成目的。

循序渐进，先求小事后求大事

心理学家认为，在一般情况下，人们都不愿接受较高较难的要求，因为它费时费力又难以成功。相反，人们却乐于接受较小的、较易完成的要求，在实现了较小的要求后，人们才慢慢地接受较大的要求。

小张自己创业，白手起家尤为艰难，加之经济不景气，小公司岌岌可危，面临两条出路：要么关门大吉，要么求人帮忙联系客户渡过难关。

小张去见自己昔日同窗赵薇。两人见面后，小张只是问赵薇能不能招呼朋友聚聚，赵薇自然答应。小张便和赵薇的朋友们聚了几次，发现了几位潜在的客户。某一天，小张登门拜访赵薇，提出能不能单独帮自己请个朋友吃饭并作陪，赵薇又答应了。

如果小张第一次见赵薇时就开门见山让对方介绍朋友做自己的客户，即便不会被婉拒，也难免会使得对方心里头有想法，极可能不会再有下文了。

习惯成自然，求惯小事再求大事

郭冬临演过一个小品叫《有事您说话》。在小品中，郭冬临饰演的人物有句口头禅——有事您说话。最初的时候，郭冬临需要帮的都是买个卧铺之类的小事，后来变成帮五楼以上没有电梯的同事、领导搬运一些重物的稍微大点儿的事，到最后郭冬临摊上了买两个火车皮这样的大事了。面对买火车皮这样的大事，郭冬临虽然明知道自己能力有限，却也只能硬着头皮答应下来。

为什么郭冬临饰演的人物会答应这个看似不可能的要求呢？答案很简单，他害怕失去自己能办事的形象。虽然小品本身有死要面子活受罪的反讽意味，但是也从一个侧面告诉我们：习惯成自然，求惯了对方小事再求大事，就不容易遭受对方的拒绝。

化整为零，求多件小事等于求一件大事

在日本的民间传说中，有用稻草换别墅的故事：用稻草换水果，用水果换绢布，用绢布换白马，用白马换别墅。在求人办事的时候也可以用这种方式，化整为零，先通过解决一件小事的结果去解决一件稍微大点儿的事情，最终解决我们需要解决的那件事情。

佳佳在电影学院进修，她很希望得到一位老师的指点，但是这位老师神龙见首不见尾，佳佳是拎着猪头都找不到庙门。机缘巧合，佳佳发现这位老师带过的一位研究生是中戏教影视评论的老师，于是佳佳先去中戏的BBS上发帖子，打听这位老师什么时候上课。

佳佳很快如愿以偿知道了这位老师的上课时间和上课地点，便去旁听，下课后提出要老师的电子邮箱等联系方式方便交流，这是不足挂齿的小事，老师很快就给了她联系方式。不久，佳佳找机会将自己的问题一股脑地丢给老师。理所当然，这位老师表示，研究方向不同，推荐佳佳去询问自己过去的研究生导师，也就是佳佳最初想认识的那位老师。

这样，佳佳便顺理成章地要到了自己想要的那位老师的联系方式，同时也摸清了那位老师的爱好、脾气等。

这就是化整为零的求人办事技巧。好多事情都是千头万绪的，如果我们能一点一点地拆分开来，便能化成一件一件的小事，这样求人帮忙便容易多了。

用一个善意的谎言博取对方的 **同情**

当我们求人办事的时候，假如没有十足的把握，或者没有正当的理由，不妨装出一副可怜的模样向对方恳求，或者编织一个善意的谎言让对方觉得真实可信。这样，对方很可能心一软就帮助我们了。

当年《天下无贼》在上海举行记者会的时候，李冰冰成为会上最抢眼的人，因为她姗姗来迟，竟然迟到了15分钟。等她到现场的时候，面对众多不悦的媒体，她流泪道歉："我对不起大家，我是猪头，我应该自己带一双鞋过来的，现在我临时买一双鞋，不能盛装出席，对不起大家。"李冰冰越说越哭得厉害，冯小刚等人哪里还会去责备她呢？都纷纷安慰她。

李冰冰用她的哭化解了一场形象危机，并且还"赚到了"。由此可见，适当示弱，适当流泪，适当说一些善意的谎言，能让别人主动向我们伸出援助之手。

主动示弱，让对方主动帮助我们

心理学家指出，在关心弱者的时候，人可以从侧面证明自己比别人强，体现自己的实力和能力，心底会油然而生一种优越感。也就是说，当你以弱者的姿态出现的时候，获取别人帮助的可能性要更大一些。

李雷急需要一笔资金周转，他找到一位朋友，朋友看他胡子拉碴的样子，大惑不解地问怎么了。李雷哭丧着脸告诉朋友："公司只剩下一个空壳子了，面上的风光都是装出来的，现在就看你能不能看在老朋友的面子上，借给我一笔钱让我渡过难关。"老朋友一口答应下来。

以情动人，让对方主动帮助我们

人们都有同情心，也就是说人们的情感有共通之处，所以在求人的时候，若是能以情动人，求人的效果便容易事半功倍。

冷伟军想让儿子进社区的幼儿园，但是社区幼儿园对入园孩子的户口有硬性要求，冷伟军的孩子不符合规定。能解决这个问题的关键人物是幼儿园园长。

冷伟军打听到了园长家的住址，就主动登门拜访（并没有拎大包小裹，只是拎了点儿水果）。冷伟军见到园长以后说："我小时候被耽搁了，儿子是我们当父母的心头肉。我实在是不想让他重走我的老路……"接下来的一番话，冷伟军反复强调为人父母的艰辛和无奈，还说起了自己对过世父母的想念……

最后的结果是园长答应了冷伟军，因为他心中那根为人父的心弦被冷伟军拨动了。

"

巧嘴小课堂

我们所说的博取对方的同情心是有条件的，要知道世界上没有包治百病的灵药，还是要具体问题具体分析。

"

说话投其所好，求人**不再艰难**

俗话说，良言一句三冬暖，如果在求人办事的时候能投其所好，就能从所求之人的心里打开局面。以取悦人为前提，以投其所好为枪炮，从内部攻破堡垒，在这样的基础上，你再提出自己的请求，对方肯定会爽快地答应下来。

范超男已经吃了三次闭门羹了，这个客户简直就是一粒铜豌豆，油盐不进，软硬不吃。可是自己的领导也交代了，不成功便成仁，要么做成这个单子，要么卷铺盖走人。范超男蹲在客户的公司门口呆呆愣愣不知所措，对方连面都不见自己可怎么是好。这时候听见对方公司的员工三三两两地小声笑谈，仔细一听，竟然是评价上司是"花痴"，到处搜罗名贵的兰花。范超男心念一动，立刻跑到花市去，软磨硬泡抱走一盆上好的兰花。

范超男再次进入对方公司的时候，说了一句"送兰花的"竟然长驱直入，无人阻挡。见到老总，范超男又非常卖力地介绍了自家的产品，最终老总看在兰花的面子上，勉为其难地答应了合作。

范超男能做成生意，全靠兰花帮忙，而兰花恰恰是对方所喜欢的。这样的投其所好让范超男成功了，但是范超男的成功毕竟还搭上了一盆兰花，若是在语言上投其所好，获取对方的帮助，岂不是零投入高回报的美事？那么如何在言语上投其所好呢？

赞美和恭维要对准对方的心理薄弱点

心理学家证实：心理上的亲和，是别人接受你意见的开始，也是转变态度的开始。由此可知，求助者要想在求人办事过程中取得成功，一个行之有效的方法就是给予求助对象真诚的赞美。大家都讨厌虚假的恭维，所以要想达到求人办事的目的，就要投其所好地赞美他的心理薄弱点，赞美他所需要赞美的。比如所求的人的儿子在他身边，你一定要夸他儿子聪明、帅气、懂事。如果所求的人是一位高等知识分子，清心寡欲，那么你就要准备好好赞一下他的学术著作了。

在县城，一家公司欲建一座写字楼，小珍找上门去推销家具。一进经理室，小珍立刻惊叹道："哇，真漂亮！好气派的办公室，如果我能拥有一间这样的办公室，我就没有什么要求了。"小珍的开场白让经理十分高兴，两人攀谈起来。小珍摸了摸桌子，说："这是红木的吧？很少见到像您这样有眼光的人了。"经理十分高兴，两人相谈甚欢。小珍顺利地拿到了订购合同，也留给了经理心理上的满足。

小珍之所以能成功，就是因为她巧妙地向求助对象传递了赞美之情，而且是在对方最引以为荣的事情上，使对方的自尊心得到了最大的满足。由于人有自我意识，所以接受任何东西，哪怕是最中肯的劝告也要受情绪和情境的影响。人向来注意外界对自我的评价，赞美这种外界评价，就有助于创造良好的情境和情绪，从而有利于事情的解决。

揣摩对方心理，而后投其所好

求人办事，就得把握好对方的脾气爱好和欲望所需，揣其所思，投其所好，让对方感到自然愉悦，对方才肯为你的事儿提供助力。这时，你就达到目的了。所以在我们说话投其所好前，要察言观色。我们察觉到了对方的喜好，而后再投其所好，就能使我们的赞美或者恭维有凭有据，不会让对方感到莫名其妙，不会让对方感觉我们油嘴滑舌。

舒珊珊正在装修房子。要知道装修同买房一样，都是大得不能再大的事情，既耗钱还耗精力，舒珊珊的工作又极其忙，便想让装修的师傅们多费心。头几天，舒珊珊也跟着装修师傅忙里忙外，腿跟嘴都不停地动："师傅，那我就靠您了！"

"放心吧，您哪！"

舒珊珊放心地走了，装修得果真质量合格而且没有额外花费。

为什么舒珊珊能取得这样的效果呢？她在跟装修师傅们交谈的时候发现，虽然这是一家正规的装修公司，但是很多装修人员都是进城务工者，长期的被人防备，造成他们十分渴望被信任。舒珊珊巧妙地利用了这一点，不仅在语言上，而且在行为上表明了对装修师傅的信任，所以就得到了回报。

巧嘴小课堂

投其所好是一种有效的情感投资，而且投入少、回报大，是一种非常符合经济原则的行为方式。对上司投其所好，让上司更加赏识与重用你；对同事投其所好，能够联络感情，愉快合作；对下属投其所好，能赢得下属的忠诚，换得他们的工作热情和创造精神；对商业伙伴投其所好，能赢得更多的合作机会，赚得更多的钱；对妻子（丈夫）投其所好，使夫妻更加恩爱；对朋友真诚赞美，能赢得崇高的友谊。投其所好，让你的求助对象心满意足，开心地答应你所托之事。

向人借钱老大难，巧言打开对方的**钱夹子**

说到经济纠纷，可能人们还不是很敏感，但是要是说到借钱，很多人的神经就会被调动起来。

有的人三言两语便能借到钱，有的人呢，好话说了一箩筐，却分文没有借到，这是为什么呢？

若冰的男友跟她相识3年，恋爱8个月，感情很稳定，已经谈过结婚的事情了。今年3月的时候，男友说老家有个楼盘开盘，有升值空间，但是首付要21万元，男友拿不出那么多钱来，直截了当地跟若冰表示想借5万元，若冰断然拒绝了。男友觉得若冰不是很爱自己，感情因此渐生嫌隙，终于分手了事。要知道若冰可不是没有钱，光每月固定工资就过万。

若冰有钱，而且若冰不是那种薄情寡义的女人，更需要说明的一点是，男友和若冰的感情也是很深厚的，那么为什么若冰就是不肯借给男友钱，让好端端的一桩姻缘就这样成为镜花水月呢？究其原因，可能是因为若冰的男友说话过于直截了当，直接说借5万元，也没有说什么时候归还，让若冰心生警惕，生怕遇上感情骗子。

那么借钱的时候，怎样突破老大难的情况，巧言打开对方的钱夹子呢？

先多后少，让对方主动打开钱夹子

吕梁急需一笔钱来周转业务，这笔钱说大不大，说小不小，但是对吕梁的事业而言却是最后的一根救命稻草。吕梁想到了自己在银行工作的同学，两人平时关系也算不错，便请同学吃饭。酒过三巡，吕梁开诚布公地说："老同学啊，我现在是龙游浅水，就盼着你能送我一点儿甘霖，让我渡过难关呢。"老同学有点儿犹疑地问："你的事我也多少听说了些，你需要多少钱才够啊？"吕梁说："不多，100万。"说得老同学倒吸一口凉气："你同学我只是一个拿工资的银行职员，你以为我是李嘉诚哪？""嗨嗨，开个玩笑，5万，5万足够了。"老同学痛痛快快答应了。

吕梁之所以能成功借到钱，就是因为采取了先多后少的借钱策略。先狮子大张口，对方自然会表示爱莫能助，接着大幅度降低借钱数额，对方自然会有享受到了"优惠价"的待遇而一口答应。即便不是痛快地一口答应，因为之前拒绝了一次，也不好再拒绝一次，装也得装成痛快答应。

激将法，对方肯定借钱给你

用激将法刺激对方借钱给自己，这听上去有些不可思议，但是一个外国人用这种方法成功地实施了"借钱"活动。

家住鼓楼附近的汪女士在鼓楼附近的工商银行的自动柜员机前取款，碰见了一位外国人。该外国人说身上没有人民币回不去酒店，只有700元的港币，想要兑换500元的人民币。汪女士建议对方去什刹海的酒吧街去兑换，但是外国人说酒吧街的人不给他换，银行现在又关门了。汪女士不想惹是生非，加之身上也没有500元现金，便想一走了之。外国人见此情景，反而抱怨起来："你们国家的首都北京的人怎么就这样啊？"汪女士听他这样说，好像被施了"激将法"，她想："谁说中国人素质低？这回自己就给外国人看看，不能在外国人面前损害首都人民的形象。"汪女士立刻将身上的所有现金都兑换给了该外籍男子，很不幸的是，这些港币回头一验都是假币。

当然，该外籍男子这种骗钱的行为我们要予以谴责，但是这个案例也说明了一个问题，那就是运用激将法去促使目标对象按照自己的意愿行事，很容易奏效。为什么呢？因为人都很在意外界对自己的形象定位，尤其是正面定位，一旦别人运用激将法否定我们的正面定位，我们就会本能地向对方证明自己是名副其实的，这样就不自觉地做出了对方希望我们做的事。运用激将法借钱行得通，就是这种现象的一种体现。

示弱法，利用对方同情心巧借钱

人是群居动物，而同情心也是维护群体的一种手段。所以利用别人的同情心，也能达到成功借钱的目的。

邓发在一家服装厂打工，每个月只有700多元的工资，月前，他们单位来了一名清洁工。在他们刚发完工资的时候，这名清洁工就急火火地跟所有同事借钱，说她的父亲病重，交不起住院押金。邓发一听，尽管自己手中的钱交了房租水电费没剩下几个了，但是还是拿出200元借给了清洁工，对方也承诺下个月发工资就还。

若是清洁工不是因为自己的父亲病重，交不起住院押金，邓发会借钱给她吗？很可能不会。心理学研究发现，当人们看到别人痛苦的时候，不只是感到难受，大脑还会有反应，就像是自己也在遭受痛苦一样。所以，当我们体会到别人的痛苦时，如果对方向我们求助，我们就会本能地采取行动去帮助他们。

❝ 巧嘴小课堂

借钱总是难免的，但是要牢牢记住：好借好还，再借不难。❞

兜个圈子再回头，心急吃不了 **热豆腐**

大家有没有注意到，公园中的小路都是弯弯曲曲的，很少有直来直去的，这样的道路大多是人为设计的，目的是引导游客到达更幽静的去处，故意造成"山重水复疑无路"的意趣，然后让人领略"柳暗花明又一村"的境界。同样，我们在说话的时候也可以借助这样的方式，绕个圈子再回头，尤其是准备跟人借钱的时候。

胡杨林买房还差5万元的首付，便想找熟人借钱。丈夫并不看好她，但是胡杨林信心满满，只见她拿起电话，拨通号码，早早地露出一脸准备好的笑容，好像那头能看见似的，对方刚说"喂"胡杨林就高高兴兴地说："大姐，是我啊，最近怎么样？"估计对方说身体不舒服，因此胡杨林接着说，"那你一定要注意啊，我认识的一个老中医有偏方专门治这个。"接着胡杨林足足地说了10分钟平时如何保养身体，又夸了夸对方孩子成绩好，就在丈夫准备嘲笑胡杨林的时候，胡杨林说，"我啊，最近被房子的事情闹得挺烦心的，还差5万元才能凑够首付，本来想请大姐帮我周转一下，可是见您的事情也多，就一直没好意思张口……"

等到谈话结束的时候，胡杨林跟丈夫眨了眨眼睛，借钱的事情成了。

说话讲究的是技巧，在人际关系中，要想让对方不拒绝你，那么你就得懂得用感情说服对方。一般说来，当你同对方说话的时候，对方会自然地带有一种防范心理，而人际关系成功的关键，就是要消除对方的防范心理。最有效的消除对方防范心理的办法就是反复给予对方心理暗示，表明自己是对方的朋友。这种暗示可以用嘘寒问暖等绕圈子的方式来进行。

那么如何在人际关系中，实现这种"曲径通幽"呢？

以退为进，绕弯子实现交际目的

一个人会不会说话，可以说是关系到其一生的顺遂。有没有这样的情况出现，自己明明是为公司着想，但是为什么还会惹怒上司，被指责一通？自己明明是中肯地发表意见，为什么会成为众矢之的？为什么自己掏心掏肺地告诉伴侣一件事，伴侣竟毫不领情？这恐怕不是因为你说话不够精简，恰恰是因为你说话不太会绕弯子。

上次一个设计出现了大的纰漏，实事求是地说，这个问题应该由部长负责，遗憾的是部长不仅不想负责，还想让胡一统负全责。在会上，胡一统对所有与会者做了深刻检讨："这个设计方案出现了这么大的纰漏，全部都是我的错。我不仅没有详尽地了解顾客的需求，更没有在接到顾客要求修改的信息后做出相应的调整。虽然我是文案，但是设计的问题我也应该负责。"胡一统做完检讨后，老总狠狠瞪了部长一眼。

胡一统并不能直截了当地说出应该负责的人是部长，但是胡一统表面上退缩，实则是为了更有力地说明情况，就像是拉弓射箭一样，先往后拉，再强力发射。胡一统承认了错误，并绕着弯子说明自己又不是总负责人，作为文案，设计出了纰漏那是设计的问题，跟自己有啥关系？

比照交际目的绕圈子

著名语言学家王力说过，绕圈子是一门说话的艺术。日常交际中，直言快语虽然是真诚所在，但是若是想要人际关系和谐的话，适时地绕开中心话题和基本意图，采用外围战术，从其他的事情谈起，常能收到比较理想的交际效果。在说话的时候，若是能寻找到同交际话题具有类比意义的事物来兜圈子，两相比照，语言明晰，对方便能自悟。

高坤想给李银介绍个男朋友，但是这个男的是个警察，而李银的第一任男友便是警察，而且是对方先提出的分手，因此她对警察没有太多好感。但是高坤认为这个男孩子真的很适合李银，所以就在两人一起逛街的时候，高坤对李银说："我最讨厌就是专卖店卖服装的人了，个个都势利眼得不行，真让人讨厌。"李银忍俊不禁："哪有这个道理？一竿子打翻一船人！"高坤趁机说："你不也一样，因为前男友，把全天下的警察都打死了！"李银若有所思。

高坤就是利用两种事情的比照来兜圈子，然后画龙点睛，说服李银。

寻找中心话题相关的事物兜圈子

在交际的过程中，可以寻找和中心话题相关的具有双重内涵的事物兜圈子，言在此而意在彼，这样就能表达出效果，而且能让对方思考到双关的意思，话语婉转、巧妙，既能表达自己的真情实意，又不让人反感。

三个女人一台大戏，尤其是婆婆、小姑和儿媳。手心手背都是肉，偏着一个、向着一个往往是矛盾的导火索。今天婆婆给小姑买了件羊毛衫，媳妇看见了就说："呀，你的羊毛衫在哪里买的？真漂亮。"小姑说："妈妈在新开的商场买的。"媳妇说："闺女是妈妈的贴身小棉袄，妈妈是闺女的防寒大棉袄。妈妈真疼你。"在厨房的婆婆听见了，说："我就是想让你看看花色，要是你喜欢，下午去买另一件给你。"

媳妇就是采取寻找话题相关的事物兜圈子，谈母女情。婆婆心中必然产生这样的思考，母亲疼女儿天经地义，可是媳妇也是家里人了，应该同女儿一样看待，由此及彼，由表及里地这样一想，就觉得应该给儿媳妇也买一件。

第三章

说好诱导话，
打动人心才能
催生改变

当你发现对方的言行与你的主张相背离时，你简单地表达自己的不认可只会让你们之间的矛盾显化。打动人心，才能让对方在行动上催生改变。此时，你应设身处地立足于对方的情感与目的，求同存异，有效沟通，让对方明白其言行并不恰当。

多说"我们"，拉近与对方的 **距离**

人与人之间是有距离的，而人际交流就是在这个距离上架起沟通的桥梁。试想一下，我们在人际交流的时候摆出一副盛气凌人的架势，动辄颐指气使、咄咄逼人，我们的人际交流会产生什么样的后果？势必人际关系一团糟。该如何避免这种后果呢？

王亚峰代表公司去洽谈业务，洽谈得十分艰苦，对方寸步不让，言语犀利，让王亚峰十分头疼。但是经过努力，谈判还是取得了突破性的进展。谈判结束后，对方的代表仍然冷冷淡淡，似乎谈判时候的火药味还没有消散。王亚峰又试着同对方交流了几句，始终是冷冷冰冰的回应。王亚峰并不死心，对对方说："我们年轻人嘛，不打不相识，这周末有时间一起去健身房比赛怎么样？"对方代表惊诧地看着王亚峰，好像王亚峰是火星人一样，但是还是答应下来。

为什么对方代表会接受王亚峰的邀约呢？答案很简单，因为王亚峰将自己跟对方归成一类——年轻人。当对方认为自己同你是一类人的时候，还有什么样的沟通完不成呢？

也就是说，缩短彼此间的心理距离，是人际交流得以正常延续的前提条件，那么怎样将"我"顺利变成"我们"，而不留刻意的痕迹呢？

"我们"行为一致或者装扮统一

当然我所说的行为一致并不是说在做团体操，装扮统一也并不意味着要着装相同，我的意思是，在人际关系中，想要让别人同意你、支持你，不妨利用心理学中的相似性暗示，同对方保持一定的"统一性"，把"态度与价值观的类似性"和"情感上的相悦性"具体化，从而使对方确信你是他的"自己人"。这个时候，你可以从容大方地说"我们如何——"。

王小帅和肖大宝是好朋友，在工作上肖大宝可没少帮助王小帅，要说两个人是怎么认识的，那就更加有趣了。王小帅是足球迷，可是从来不看中国足球，大家都能理解，爱之深恨之切嘛，而肖大宝是铁杆的国安球迷。

一次在公交车上，移动传媒正在转播一场国安足球，王小帅嗤之以鼻，但是肖大宝看得目不转睛。王小帅看见肖大宝那痴迷的神情，忍不住说道："是球迷的话，就别看中国足球。"肖大宝立刻反驳："中国球迷不看中国足球看什么？"两人你来我往争论起来，竟然从C罗争到梅西，从范志毅争到郝海东……最后下车的时候，正所谓不打不相识，两人握手，成了朋友。

两个人友谊的基点就是均为足球迷，对于足球的热爱，对于足球运动的钟情使他们有了共同语言。

"我们" 具有共同点

在人际交流中，想要让对方加入自己的阵营，或者让自己融入对方的阵营，找到双方的共同点是个切实可行的办法。所谓的共同点，就是强调双方共同一致的地方，使对方认为你是自己人，从而使你在人际交流中更加畅通。千万不要说世界上没有两片相同的树叶，只要细心，彼此间的相似点总是能够找到，比如情感的共鸣，比如学习工作的目的，比如自身的经历……只要找到一个共鸣区，就不难让双方变成自己人。

冯小琴在聚会上认识了胡蓝。胡蓝是当地电器销售的王牌销售员，冯小琴新开了一家公司，非常希望能请到胡蓝这样的销售员为自己助阵，便上前主动同胡蓝搭讪。

冯小琴跟胡蓝说："您一定是军旅出身。"

胡蓝非常惊奇，便问："您是怎么知道的呢？"

"我不仅知道您是军旅出身，而且我知道您在部队的时候，肯定是标兵。"

胡蓝更加惊讶了，便问原因。

冯小琴笑眯眯地说："因为只有部队中最优秀的战士，才会一丝不苟地上枪，久而久之，拇指跟食指间会有茧子。"说着给胡蓝看自己的手，上面赫然也有茧子。

胡蓝这才知道冯小琴也是退伍军人。之后冯小琴说起要胡蓝帮忙的事情便显得顺理成章，甚至有几分理所当然起来。

这就告诉我们，我们从友谊、情感等角度引出话题，或者从自己的经历切入，既能引发别人的注意力，又能缩短彼此间的心理距离，这样再说"我们"便是很自然的一件事情了。

巧嘴小课堂

让交际对象成为"我们"中的一员，就要找到同对方的共同点，无论是心理上的共同点，还是阅历上的共同点。

问题越具体，越能得到你想要的 **信息**

人际交流的时候往往少不了提问，提问能获取信息，能促进交流。一个善于提问的人，不仅能掌握会话的进展，而且能控制会话的方向，敲开对方的心扉，拨动对方的心弦。

刘婕出差。火车上很无聊，对面座位上一位男士上前搭讪，刘婕便和他攀谈起来。开始的时候气氛颇为融洽，聊了些大家都感兴趣的话题，后来可能是该男士觉得同刘婕熟络了，竟然说出这样的话："现在的化妆技术堪比易容术，很多女人都是50岁的心、40岁的年龄、30岁的外表，不知道你是不是这种情况。"刘婕一听，顿觉冒犯，但是不便撕破脸皮，便道："男人不问收入，女人不问年纪。这个道理地球人都知道。"男士一听，赧然不语。

瞧，虽然该男士只是问了一个简单的问题，却触犯了对方的禁忌。生活有禁忌，做人有禁忌，说话有禁忌，问问题也有禁忌，如果问问题的时候一根肠子通到底，张口即来，毫不考虑后果，那么人际交流的结果肯定不如你所预期的那样美好。那么什么样的问题才能让人觉得不被冒犯而乐于回答呢？答案就是问具体的问题。具体的问题往往落在了实处，让人有对事不对人的感觉，不会对你的问题产生抵触，你便容易获取到自己想知道的信息。

先小问题，后大问题

提问最好先后有序，先小问题后大问题。先问小问题，不仅便于对方回答，而且能避免对方产生警惕心理，有利于获得正确答案。

王英辉可不是内向的人，说起话来也是滔滔不绝，可是话总是说不到恰当处。

这天，王英辉好不容易跟心仪已久的女孩子第一次约会，很想知道女孩子的心中有没有自己，所以当奶茶送上来的时候，直截了当地问女孩子："静静啊，我可以追你吗？"

静静也是直性子，同样直截了当地对王英辉说："不可以，你不是我喜欢的类型。"

气氛一下子尴尬了，王英辉不知道该如何接口，静静也有几分不好意思，看着珍珠奶茶，犹豫地问了一句，"那我还能喝吗？"

"喝吧，喝吧。"王英辉机械地说。

然后，然后就没有然后了。

王英辉的问题在于一下子就将最大的问题问出，静静可能对他也不是全然没有好感，但是他这样直截了当一问，任何女孩子都可能被吓跑。如果王英辉先问"静静你喜欢什么类型的男孩子？"，再问"我跟你喜欢的类型之间的差距在哪里？"，最后问"我可以追你么"，这样的效果要好得多。

先表面问题，后深刻问题

一般说来，抽象的问题时常引出笼统的回答，而具体的提问往往能让人得到答案。为什么会这样呢？打个比方说，你问同你交谈的人："你平常喜欢吃什么？"对方很有可能回答你："都可以。"但是如果你问："川菜、鲁菜、豫菜，这些菜系中你偏好那种？"对方如果说川菜，那么你点菜时点水煮鱼就没问题。再打个比方，如果你问你心仪的人："你喜欢同哪种类型的人谈朋友？"对方可能会说："投缘的。"如果你具体点儿问："你喜欢幽默开朗的，还是老实稳重的？"对方如果说幽默开朗，你就得赶紧去看笑话书了。看，笼统和具体的提问，得到的答案就是有这样大的差别。

20世纪80年代，意大利女记者法拉奇采访邓小平。法拉奇提出的第一个问题是："天安门上的毛主席像，是否会永远保留下去？"邓小平立刻就共产党乃至全国人民对毛泽东的认识进行了细致解答。

试想一下，如果法拉奇的第一个问题这样表述："贵党对毛泽东主席如何评价？"势必不容易得到她想听到的细致答复。

先简单问题，后难的问题

提出的问题必须是先后有序的，在提问的时候，一定要讲究逻辑顺序，不要一下子就将人"将"死了。如果能从易到难，从对方熟悉的、容易回答的问题问起，并且注意问题与问题间的逻辑关系，那么既便于对方回答，又便于自己得到想要的答案。

邵文杰是一位推销员，他来到一家工厂推销自己的产品，但是这家工厂的负责人认为产品有质量问题，不打算购买。邵文杰并没有知难而退，他直接问工程师："你们这里用得到同类型的产品，对吧？

负责人说："是的。"

邵文杰又问："我所推销的产品按照有关规定，温度可以超出室温十五度，对吧？"

负责人说："是的。"

邵文杰又问："那么我们的产品高出室温十三度，怎么能说是有质量问题呢？"

负责人只好承认："可能是我们的检测有疏漏。"

最后，他们成交了一笔15万元的生意。

邵文杰若是不按照这种逻辑顺序发问，"直捣黄龙"要求对方给出产品有质量问题的证据，很容易引起对方抵触，导致最后双方不欢而散。

巧嘴小课堂

对象不同，提问的范围自然不同，如果是自己的挚友，那可以问询对方："你工资多少？谈恋爱了吗？"如果对方跟自己属于点头之交，那就不能问询这类个人隐私性质的问题。另外，即便是同一问题，面对不同对象，也要有不同问法。提问不看对象，非但得不到实质性的回答，而且容易降低自己在对方眼中的形象值。

封闭式提问，让对方只能选择你给的 **答案**

想要利用封闭式提问，首先要了解封闭式提问的定义。先看两句提问。

第一个，雪是什么颜色的？答案是白色的。

第二个，幸福是什么颜色的？答案是不固定的。

具有固定答案的提问，就是封闭性提问，而不具有固定答案的提问，就是开放式提问。

一般来说，封闭式提问的常用词汇有"能不能""对吗""是不是""会不会"等。从这些词汇中我们就能看出，封闭式提问，对方回答的范围比较窄，答案比较明确、简单。如果我们能在谈话过程中巧妙利用封闭式提问，便可以让对方说出我们想要的答案，从而掌握谈话的主动权。

记者梁丽去采访一家企业，这家企业的排污一直超标，几次整改也未见效。

对于梁丽的到访，企业负责人显然不欢迎。

梁丽："您好，我是《××晚报》的记者梁丽。我这次来，主要是想了解一下咱们厂子的排污情况。"

负责人："这有什么好了解的，污水排放，人人有责，我们要是排污不合格，有关部门也不会客气的。"

梁丽："也就是说咱们厂子的污水排放现在合格了，是吗？您得实话实说，我会在报道里面引用您这句话的。"

负责人："反正到现在，也没有人来找过我们，说我们的排污超标。"

梁丽："您只说没有人来找你们，并不代表咱厂子的污水排放现在合格，对吗？"

负责人："你们记者嘴皮子利落，我说不过你。就一句话，我们现在也没有接到整改的通知。"

梁丽："是没有接到通知，还是通知暂时没有接到？"

负责人："好了，我不想再说了！"

通过他们的谈话我们会发现，梁丽始终掌握着谈话的节奏，而她的方法就是利用封闭式提问。

当然，我们在平时谈话时没有必要像记者提问那样咄咄逼人，但是借助封闭式提问的确能让我们把控谈话的节奏。

封闭式提问，需要提前准备

即兴的封闭式提问虽好，但是经过准备的封闭式提问更加妥帖。在封闭式提问之前，我们必须问自己几个问题：

第一，我们想要从这段谈话中获得什么。

第二，我们想要利用封闭式提问达到什么目的。

第三，什么会阻碍我们跟谈话对象的谈话。

第四，如果我们这样提问，顺利完成谈话的概率有多大。

第五，同样是封闭式提问，从哪个角度提问会让谈话更容易。

做足充分的准备，才能让我们的提问达到最大化的效果。

陈明瑞到这家24小时便利店买东西，因为甲方要求更改方案，所以他一直加班，心情不是很好。

结账的时候，便利店的值班女孩问了他一个问题："咦，你剪头发了吗？"

陈明瑞愣了一下，下意识回答："对呀。"因为他的确前一天才剪了头发，没有想到一个陌生人竟然能注意到这点，这让他很惊讶。

就在陈明瑞沉浸在惊讶中的时候，她又开口了："你在加班？"

陈明瑞老老实实地回答："对。"

女孩接着问："什么原因呀？"

陈明瑞一肚子的火气可算找到了出口："还不是因为可恶的……"

女孩一直安静地听着，在陈明瑞说完的时候才补充一句："没错，挑剔的客户都可恶……"

让我们来看一看故事的发展，两年后这个女孩出现在陈明瑞的婚礼上，没错，她是新娘。

这就是提前做好功课的好处！

封闭式提问，需要弹性

虽然是封闭式提问，但也需要弹性。比如，我们问一个问题，问完之后可以停止说话。尽量避免一次性问好几个问题，这样不仅有点儿咄咄逼人，还会模糊对方关注的焦点。再比如，我们的提问少用"为什么"这样的字眼，用"原因"来代替会起到更好的效果。或者是，当对方回答问题之后，我们可以重复一下对方的话——这种重复不是无意义的，在确认对方观点的同时，还能进一步缓和对方的情绪。

封闭式提问，给出框架

有的时候，提问的对象非常"狡猾"，他会用开放式的回答来应对封闭式的提问，就像是下面这样。

马刺队的教练波波维奇经常会"答非所问"。有一次中场休息的时候，记者采访波波维奇："马刺队今天上半场投篮命中率这么差，到底发生了什么？"

波波维奇回答："因为球没有进篮筐。"

还有一次，记者问："勇气队节奏很快，他们会有很多外线跳投，您认为现在的勇士队和以往有什么不同？"

波波维奇回答："我对过去不关心，我只关心现在！"

记者又问："那他们现在做得怎样？"

波波维奇说："就像你说的那样！"

为什么会这样？因为记者的封闭式提问范围太大了。如果我们在提问时，能给对方一个大致的框架，最好能让对方在几个可选的答案中进行选择，这样才能掌握谈话节奏。

在对方回答了我们的封闭式提问后，不要急于下结论，而是仔细分析和斟酌对方的答案。通过这种方式，便于我们找到接下来要谈的新话题。

设置一个悬念，才能抓住对方的 **心理**

天南地北没有任何交集的两个人，如果你对对方一无所知，但是还想同对方继续交流下去，这个时候怎么办？设置一个悬念能巧妙地帮助你打开局面。设置悬念就是先抛出一个让人大惑不解的问题，在对方迫切地想要知道问题的答案的时候，再将答案和盘托出，一问一答之间，就能成功地调动起对方的谈话兴趣，减少两个人的陌生感。或者故意说些让人目瞪口呆的话，在别人丈二和尚摸不着头脑的时候，再说出其本身的含义，自然能让人眼前一亮，不仅能让人际关系得以顺利延续，还能给人留下深刻印象。

庄闲闲参加一个有关肺癌防治的会议，这个会议参会人数众多，几乎等了一个上午，会议都要结束了，他都没有找到一个表达自己独到观点的时机。一位与会者说："我坚决认为吸烟不好，应该呼吁在社会上开展一场新的戒烟运动。"话音未落，庄闲闲站了起来，说道："我认为吸烟可是大有好处！"此言一出，四座皆惊，庄闲闲看见效果达成，才郑重其事地接着说，"吸烟最大的好处是节省布料，因为吸烟容易使人患上肺痨，导致驼背，身材萎缩。吸烟还可以永葆青春，不等年老便与世长辞了！"

卡耐基断言："现代成功人士80％都是靠一根舌头打天下。"我们用设置悬念的方式来将卡耐基的这句话发扬光大，设置悬念也称"吊人胃口"，其目的就是利用对方的好奇心理，在交谈的过程中恰到好处地结下一个个的"扣子"，让听者在回旋推进的言论中产生别开生面的感觉，因而兴味无穷，一步步地达到自己的目的。但是设置悬念也不是一件简单的事，有的时候设置得不恰当，甚至会适得其反。那么怎么样用设置悬念的方法给自己的言谈加分呢？

逆向思维，巧设悬念

逆向思维、巧设悬念的意思就是，从惯常思维的相反角度出发，层层推进，一步一步地把听众的思维引向迷惑不解的境地。当听众的胃口吊得足够高的时候，不慌不忙地表达出自己的意思。这个时候，你的意思肯定会被对方牢牢记住。

当年在美国主办《中西日报》的伍磬昭在一次演讲中谈到袁世凯，他说："袁世凯生平只做了一件大益于中国的事。"听者愕然，急想知道是何事。要知道袁世凯是独夫民贼，是窃取辛亥革命胜利果实的投机分子呀，还意图复辟，恢复帝制。就在大家议论纷纷的时候，伍磬昭继续说，"即是他死了——绝对地死了，很合时宜地死了，很合适地死了。"这一妙语，使在座的人都会意地笑了。

按照惯常思维，袁世凯是应该受到讨伐的，讨伐一千次一万次也不为过，但是伍磬昭却说袁世凯做了好事，这足以让听众大惑不解。

而接下去伍馨昭用幽默的话语做了妙趣横生的解释，让人意识到袁世凯对中国人民犯下的罪行唯有以死相抵。

情景再现，设置悬念

用情景再现的方式设置悬念，方便对方的注意力受到你的牵引，而他的思路按照你预想的那样展开时，就已经进入你所设定的情景中来。这个时候，你无论说什么，对方都会认可。这就是设置悬念的作用。当然，悬念设置要巧妙，再现的情景也要合情合理，要顺理成章，才能为你接下来的话做好铺垫。

儿子是母亲的骄傲，名校毕业，顺利留校，年轻有为，又英俊潇洒。一天，儿子回来告诉母亲："我们学校的一位男老师爱上了一个食堂打饭的姑娘。"

母亲说："这是一件好事啊！现在什么时代了，还有人坚持门当户对的老观念吗？这个时代，像这种勇于冲破传统习俗的男孩子，应该好好宣传。"

"是吗？"

"当然。对了，你那个同事叫什么名字？我认识吗？"

"当然，就是你儿子我啊！"

"天哪！怎么是你？！谁同意你这么做的？"

"妈妈，您刚才不是很赞同我的做法嘛！"

母亲哑口无言。

儿子就是巧妙地设置了一个悬念，顺理成章却又为自己将要说的话做好铺垫，最后一语道破玄机。

一环套一环，悬念引人入胜

在人际交往中，如何将自己的话说得引人入胜？一环套一环的悬念，就能达到这样的效果。

儿子问疲惫的父亲："爸爸，你每天能赚多少钱？"爸爸不耐烦地回答："二百。干什么？"儿子小心地说："你能给我一百吗？"父亲简直怒不可遏了："难道你又想要什么玩具了吗？你为什么就不知道体谅大人赚钱的辛苦呢？"儿子垂下了头。

等到临睡觉的时候，父亲想到自己的态度有些粗暴，就给了儿子一百元。儿子欢呼一声，立刻将存钱罐打开，里面躺着一张百元大钞。父亲很生气："为什么你已经有一百元钱了，还跟我要？"

"爸爸，我想用二百元钱买你的一天，你已经很久没有跟我一起玩了！"儿子说。

如果小男孩在父亲又累又烦的情况下，直接说："爸爸，明天陪我玩吧！"十有八九会被父亲拒绝。

巧嘴小课堂

设置悬念要尽量自然，太过刻意，反而适得其反。

真实意图别太靠后，没多少人乐意**等很久**

在人际交流中，有种情况很常见，那就是你煞费苦心地准备了一个让人笑破肚皮的"包袱"，当你好不容易捞到了说话的机会，为了让你的"包袱"能有最大的效果，你不断地给"包袱"做铺垫，给"包袱"做准备工作。可是当你正将"包袱"抖出来的时候，有人打着哈欠打断了你："现在几点了？咱们一会儿去哪儿吃饭？"你只好尴尬地笑了。为什么会这样呢？很简单，因为你的真实意图太靠后了，没有多少人乐意等很久。

一位农场主本来想向人夸耀他的庄园很大。他说："如果我开车绕我的庄园一圈，那得需要一星期的时间。"一位听众同情地说："是啊，我也有过那么一辆破车。"后来这个农场主吸取了教训，第二次说话的时候，他说："上星期女王都惊叹的大庄园，主人就是我哦。"这次应该没有人再误会了，尽管没有人知道女王什么时候夸赞过一个大庄园。

要知道，人际交流并不是只在熟人中进行，要是你想夸赞一位不熟悉的陌生人，你先说了一大堆做铺垫，可能换来对方茫然的表情：

"你说的是谁啊？"

习惯将说话的高潮放在最后面，而听你说话的人却往往熬不下去，往往会打着哈欠提前告退。甚至还会对他人这样评价你："那个人哦，说话就像是在绕着地球跑似的，绕了一个大圈子，结果还是在原点，谁也不知道他想讲什么。"

所以在人际交往中，千万不要让真实意图太靠后。

怎样让对方立刻明白自己的真实意图呢？

表意明确，真诚动人

在人际交流中，每个人的理解能力不同，有些人知道你长篇累牍的话语后面肯定会有一个响亮的"包袱"，会耐心等待下去，但是有的人就不知道，就会不耐烦；有的人将你绕弯子说话看成是含蓄委婉，但是有的人会将你绕弯子说话等同于虚伪做作。

佳佳喜欢周末很久了，久到都忘记多久了，但是从来没敢向他表白。

这天佳佳跟周末一起看电影。电影的剧情讲的是一个女孩单恋一个男孩很久。佳佳若有所思，周末却连发感慨："这个女孩为什么这么傻呢？为什么会单恋一个人这么久呢？为什么会有单恋这种感情存在呢？……"

佳佳忍无可忍，终于脱口而出："我也单恋你很久了啊！难道你以为这很蠢吗？"

静场。

"其实，以你的条件，可以试试追着看的。"周末笑着说。

瞧，周末喜欢佳佳的时间估计也不短了，但是比起佳佳真诚动人明确表意，他是真能绕哇。

震撼开场，吸引对方

现代生活节奏十分快，这个人是不是一路人，应不应该继续交往，通常凭三言两语就能判断。所以，我们在人际交往中不妨选用一个震撼开场，让对方的注意力一下子被我们吸引。

铃铛要做一次演讲，其实类似的演讲铃铛经常做，所以收获了不计其数的哈欠和不耐烦的抱怨，今天铃铛不想继续这样下去。

铃铛做的演讲是《职工要怎样提升自己的价值》，当他上台的时候手中握着一瓶可乐，鞠躬以后，向台下打哈欠的听众说："这次我就说几句话，关于我手中的饮料。瞧，同样的一瓶饮料，小商店中卖两元钱，如果你是老主顾给你打个九折。在五星级饭店中，这瓶饮料售价90元钱，绝不打折。很多时候，人的价值取决于所在的位置，如你，如我，都是这样的一瓶可乐。所以想要提升自己的价值，就要让自己站在应该站的位置上。"语毕，鞠躬下台，掌声雷动。

由此可见，一个震撼开场不仅能帮助人完成人际交流，而且能让人的形象瞬间高大。

巧嘴小课堂

　　明确表意，震撼开场，往往适用于初次融入一个群体。当你进入一个群体的时候，要是说话总是拖沓，无疑会让人不满。

许诺对方的好处要让对方觉得很 **现实**

诚信守诺是做人的基本原则，是不断获得朋友的基本保障。所以，如果你给别人的许诺虚无缥缈，让人一听便知是空中楼阁，那么不仅没有人会相信你的许诺，同时你的人品也会受到质疑。

应该怎样避免这种情况呢？

量力而为，不做能力以外的许诺

我们必须现实地面对一切，不要许诺自己根本无法做到的事情，否则你就会失去别人对你的信任。

"只要我愿意，我什么都能做。"这是蓝凤凰的口头禅，当然大家可以认为蓝凤凰相当自信，或者她的业绩非凡，已经多次证明了自己的价值。但是事实上，蓝凤凰并不是值得信任的精英员工中的一员，她唯一会的就是面带微笑，然后说："当然，我可以做！"可是她从来没有考虑过自己是不是真的能够做到。这不，老总扔下一个棘手的案子，蓝凤凰主动请缨，然后毫不意外地砸在手里。过后老总了解了情况，气得跳脚。

蓝凤凰一定认为说"只要我愿意，我什么都能做"是积极对待工作的表现。然而，并不是这样，这是在做超出自己能力范围的承诺，是在空许诺、夸海口。

注重当前，不要做超前许诺

未来是不可预知的，所以承诺要注重当前，不要做出超前许诺。

许嵩认为，职场上的承诺就算是许下的时候明知道不可能兑现，也依然要承诺。这不，这次公司开年会，要求业务员对未来的业绩表态，许嵩毫不犹豫地表态一年后完成的业绩超过去年40%。许嵩心里头有个小算盘——也许一年不到领导班子就新老交替了，到时候谁还提"老账"呢？没想到领导班子坚如磐石，于是许嵩只好用辞职来为自己一年前的承诺"抵债"了。

让人看见的承诺才是真的承诺。

❝ 巧嘴小课堂

　　古人说，一诺千金，足见承诺的重量。如果你在人际关系中将承诺予以兑现，那么你的人际关系肯定顺风顺水。要做到这一点，在生活和工作中，就不要承诺自己没有把握的东西。对家人，对亲友，对同事，要真诚踏实，不要不切实际地给自己压力。

❞

只说现象，把结果留给对方 **总结**

人际交流中，要不要把所有的问题都说得面面俱到呢？要不要将所有的重点给对方归纳出来，分为一二三四呢？

事实上，在人际交流时，效果最好的往往是让对方自己领悟，戛然而止才能让人回味无穷，而和盘道出，大家便觉得稀松平常。

当其貌不扬的俞敏洪出现在某大学的礼堂中进行演讲的时候，欢迎他的是嘘声一片。何止是其貌不扬，简直是不修边幅。于是便有人直言不讳地提出问题："俞老师，你是这样的丑，怎么还能取得成功？"俞敏洪看了看提问的女生，笑道："如果相貌丑的人不能成功，那么就不会有阿里巴巴的马云，因为谁要是认为马云好看，那就是审美有问题。但是相貌好的也会成功，比如百度的老总李彦宏，他就像是电影明星。所以两个人从来不坐在一起，因为经过对比，情况就格外的惨不忍睹，唯一的办法就是我坐在两人的中间，起个过渡的作用。"

俞敏洪并没有长篇大论地讲述外貌和成功没有关系，而是举出了两个成功人物作为例子。马云同李彦宏，一丑一美，尽管两个人在相貌上大相径庭，但是却有一个共同点——两个人都是成功人士，这样

75

让大家自己思索，答案便不言自明了，而且体会更加深刻。

那么在现实生活中的人际交流中，我们应该怎样才能让对方去总结现象下的固有规律呢？

说大量相似且有结果的事情，让对方自己琢磨

聪明的人不会在同样的地方跌倒两次，但有的人往往会犯相同的错误。当我们在人际交流中遇到这样的情况的时候，那么我们只能搜寻相似相仿的例子，而且这些例子已经有结果，让对方自己体会这样做的后果，如果对方还是执迷不悟，那就是他的问题了。

李欣是留美博士，有在国外工作的经验，高学历加上高能力，让他成为很多企业争相聘请的热门人才。选择了一番，李欣进入了一家著名的国企，期望自己可以大干一场。可是，过了一阵子，他竟然备遭冷遇，在单位几乎无事可做。这是他30多年人生经历中从没有过的，搞得一向自信的他十分崩溃。跟他比较好的一个同事和他说："这毕竟不同于国外，你看×单位的×××，挺爱提意见的，这不走人了吗？还有上次那个总经理助理，不也是卷铺盖了吗？"

同事在委婉地提醒他："你虽然很能干，但是却有一个致命的弱点，就是总是直言不讳地指出别人的错误，不仅对下属是这样，对平级的是这样，甚至对领导也是这样，所以别人都对你有意见，最好收敛一点，×××是你的前车之鉴。"至于对方能领悟多少，就看他悟性了。

说表面问题，让对方总结问题的原因

汉语是这样界定"关系"的——事物之间相互影响、相互作用的状态。无论在生活中，还是在职场上，我们经常会看到各种盘根错杂的关系，有的时候会牵一发而动全身，如果你向对方指出问题的弊端所在而不小心触动了"暗礁"，那么可以想见，你将引来更大的麻烦。在保全自己的前提下，将问题阐述明白，唯一能用的方法就是说表面问题，让对方去总结问题的原因。

这个公司派系分明，总裁卸任，新总裁不明就里，总感觉有掣肘之感，便找到昔日总裁的得力干将，想问清楚事情的缘由。这位得力干将说："我也有感觉，就说上次我找企划部做的案子吧，出了点儿小纰漏，企划部却不管，让设计部做。设计部说，不是他们设计部的，谁爱做谁做！"新总裁听出弦外之音，便开始大刀阔斧整顿起来。

这位得力干将可谓是"人精"一样的人物。这是一家家族制企业，也就是说，各个部门的领导都是昔日总裁的七大姑八大姨，谁都不能得罪，说话点到为止即可，让新总裁自己总结问题的原因。

只说表面现象，让对方总结现象代表什么

有的时候，话不便明说，如果你说："嗨，老李，昨天看见你儿子跟一个小姑娘在街道上手牵手。"估计老李会说："什么呀，那是我儿子和他表妹。"所以，很多情况下，你只能说一些表面现象，让

对方总结这些表面现象代表着什么。

　　包小白特别疼爱儿子，到了什么地步呢？在儿子上小学的时候，有人跟他说他儿子读书不用功、不上进，包小白直接就跟对方爆发了肢体冲突。

　　老实说，包小白是太望子成龙心切了，他十分关心儿子的学习状况，只是听不得别人说儿子不好。这不，班主任来家访了，先说了一些寒暄的话，然后放慢语速说："小包很上进，也很聪明，以后考上大学不成问题。但是……"包小白问怎么了。班主任继续说，"如果他能少逃课的话就更好了，或者上课少睡一点儿觉。不知道为什么，这孩子上课总是爱睡觉，每天两个大大的黑眼圈，好像一夜没睡似的。"

　　等到班主任走后，包小白一问，儿子果真迷上了上网！包小白耐心地给儿子做起了思想工作。

　　如果班主任直接告知包小白，他儿子就是一"特困生"，八成是经常熬夜上网玩游戏，那很可能会激起包小白不满的情绪。

❝ 巧嘴小课堂

　　用相似相仿的事情让对方提起兴致，用有结果的事情暗示这件事情的结果，让对方体会。

❞

第四章

说好赞美话，给予对方想要的认同感

沟通的最终目的是要达成一致，而想达成一致，赞美是最简单有效的方法：它代表着你对他人的认可与欣赏。对话中，善于观察与总结，寻找对方最骄傲的所在，并适宜地表达赞美之辞，让对方感受到你的认同，接下来你们的交流势必畅通无阻。

赞美的话要说得 **新颖别致**

人人皆有虚荣心，因此，对于赞美的话没有人有免疫力。不过，只有"走心"的赞美才有这样的作用。那些生搬硬套的、虚伪的、敷衍的、客套的赞美只会让被赞美者坐立不安。这样的赞美，丝毫达不到积极效果。

新换了毛衣和裙子，杨枝总觉得衣服的颜色和自己的发型不搭。临出门前，她问自己的室友："嘉嘉，你觉得我的造型怎么样？"

嘉嘉一边打游戏一边说："很好啊，你穿什么都好看。"

杨枝虽然很犹豫，但还是出门了。就在她去公司的路上，遇到了同事冉冉。闲聊几句后，两人聊到了当初的职业选择上。冉冉就说："其实，我觉得你如果选择当设计师也应该挺有发展的。"

"咦，我吗？哪有？当设计师得有天赋啊！"

"可是你的色彩敏感度特别好啊！你看你今天的衣服搭配得好好看呀！"

"真的啊？哈哈，我也是随便穿穿呀。"

杨枝决定，以后都和冉冉一起上下班，因为和她在一起超开心！

嘉嘉和冉冉都对杨枝进行了赞美，但是杨枝明显喜欢第二种。嘉嘉的赞美，太过常规化，让人感受不到愉悦。而冉冉的赞美别具一格，让杨枝觉得她仔细观察过自己。这种赞美的方法就非常可取。

打个比方说，普通的赞美就像是一件普通款式的连衣裙，很多人都穿着同样的款式，套在你身上时，你只觉得尴尬。新颖的赞美呢，就像是名品店中专门为你定制的连衣裙，量体裁衣，十分精细。绝大部分人都喜欢后者。剩下那极少一部分人，则两者都喜欢。

赞美融对比

让我们先看一个简单的小例子：

女朋友："你看我今天换的衣服好看吗？"

男朋友："好看！"

女朋友："怎么好看了？"

男朋友："平时你总是穿素色的衣服，特别雅致。今天你穿了鲜艳的衣服，雅致中又有朝气，特别漂亮！"

这就是赞美融对比的赞美方法，很简单，把被赞美者的前后对比说出来。当然，一定要夸大好的部分，这样才能达到赞美的效果。

赞美加感受

任何一个成功的赞美都应该包含一个元素：感受。通过赞美传递了你的感受，能让被赞美者觉得你的赞美绝对是发自内心的。

让我们看一个简单的场景：

宝贝帮妈妈做了家务，妈妈想要表扬她。

妈妈说："谢谢宝贝，帮妈妈做家务。"这种赞美，只是简单的赞美，并没有融入感受。

妈妈也可以说："宝贝真懂事，看见妈妈的手绢脏了，能帮妈妈洗了。上了一天班的妈妈可累了，还以为得自己洗呢。谢谢你，帮妈妈减轻了负担。"

第二种赞美，就融入了自己的感受，这样被赞美者就会更受用。

赞美加比喻

如果你看到了一位特别美丽的女孩，想要认识一下，你该怎么说？

是用单刀直入的方式说："Hi，美女可以给我个联系方式吗？"还是迂回地说："喂，美女，你看看我是不是你的男朋友？"

你口中的"美女"尽管代表了你对她的赞美，可在她看来，"美女"不过是个称谓。试试下面的说法，效果会更加好。

"嗨，美女，我可以和你合个影吗？"
"噢，为什么？"
"因为我要把照片传给我妈妈，告诉她，天使真的存在。"

相信绝大多数的女孩都无法拒绝这样的赞美。这就是赞美加比喻的魅力，让被赞美者耳目一新的同时，对赞美发出者顿生好感。

巧嘴小课堂

常见的新颖赞美模式有哪些呢？

……（很好），但是……（不符合你的标准）。例如：这件衣服你穿着特别美，但是和你平时的风格不一样啦。

……（很好），竟然……（超出期望）。例如：当初我只觉得你肯定能完成这个项目，没想到你能把这个项目完成得这么好，简直完美。

对方最得意的地方才是你要赞美的 **重点**

赞美很重要，但是赞美并不是万金油，在现实生活中，并不是每个人都喜欢大帽子、高帽子，不信你看：

2010年，快乐男生节目出现了几位特殊的男生，他们大多涂脂抹粉，甚至举止妖娆。在这些人中，来自成都赛区的刘著尤其引人瞩目，不论是衣着打扮还是行为举止，甚至说话声音，他都和女孩子没有差异。他像女孩子到什么地步呢？评委屡次打断他唱歌，因为质疑他的性别。很多人用赞美的口气称呼他为"伪娘"，但是刘著并不买账。刘著表示，自己女性化的特征是循序渐进发展而成，不是那种刻意模仿女生的"伪娘"，并表示自己有四五个"闺蜜"，会常常和她们一起逛街，也会和男生一起泡吧。

为什么刘著对"伪娘"的称呼不买账呢？究其原因，更多是因为别人的赞美没有赞美在点子上，可能别人说"刘著你就是个女孩"，估计对方会欣然接受。要知道赞美从来都不是无的放矢的。从人性本身来说，人人都有虚荣心，即使明知对方讲的是奉承话，心中还是免不了会沾沾自喜，这是人性的弱点。据说雨果曾希望把巴黎改用他的名字来命名，而女皇凯瑟琳干脆拒绝拆阅那些没有称她为"女皇陛下"的信件。同样，我们也不难看出雨果最得意的作品便是《巴黎圣母院》，而女皇凯瑟琳最得意之处便是女皇的身份。也就是说，赞美对方最得意的地方百分百会被对方笑纳。那么，在日常生活中，我们要如何做到这一点呢？

找到对方的闪光点

赞美具体化是所有赞美的基础，空泛化的赞美，虚幻、生硬，使人怀疑动机；而具体化的赞美则诚意十足。说一千遍"你真棒"不如说"你跟×××一样棒"，再如联邦快递的广告："隔日送达'美国'及全球各地"，这都是具体的例证。只有让对方接纳的赞美才能发挥最大的功效，否则你的赞美无异于一场独角戏，而且这场独角戏不仅没有观众，演出得也十分蹩脚。只有善于找到对方的闪光点的赞美，才能让对方甘之如饴地接受。

老张买了一本讲说话的书，里面说赞美有助于调节人际关系，便想在妻子身上试验一下。下班回来一进家门，就开始大肆地赞美妻子："你今天做的菜可真香！"老婆瞪了他一眼，老张这才看见餐桌上除了白米饭就是酱瓜和小菜，马屁拍在了马蹄上，赶紧又赞美，"你今天穿的衣服之前没见你穿过，真好看！"老婆又瞪了他一眼，他才心虚地想起来那好像是好几年前的睡衣了，老婆穿上去有点儿像灯笼。在老婆的白眼中吃完饭的老张决定再也不看那本书了。

所以说，善于找到对方真正的闪光点并予以赞美尤为重要，不然的话，只会适得其反。

赞美对方最得意的而别人却不以为然的事情

赞美对方最得意的而别人又恰恰不以为然的事情，那么对方会立刻获得认同感，会将你引为知音，这个时候你的赞美就到家了。

小刘是个普通的职员，可以说他最大的优点就是让人成功地忽视他。在办公室中尽管任务完成得不错，但是少言寡语还是让小刘变成了隐形人。小梦是新晋的职员，很多业务上的问题需要请教小刘，但是面对小刘的千年冰山脸，甭管小梦怎么煞费苦心地夸赞他，小刘总是不为所动。这天，小梦看见小刘正在用心地擦拭着一个镜框，镜框里是一面奖状——劳动模范的奖状，小梦立刻说："刘哥，真想不到，你原来还是劳动模范！我想起来了！以前在电视上看到过你！你真了不起！"

很快，小刘对小梦的态度就变了，变得春风般温暖。

要知道，人生总有得意处，小刘的得意之处就是这张劳动模范的奖状，然而除了自己，它不被人看重。现在恰好小梦看到了，并大大地夸赞了一通，小刘自然觉得小梦十分知心。

就事论事的赞美最让人舒服

赞美应该就事论事，这样不仅具体不空洞，而且不笼统空泛，让人觉得很舒服。打个比方说"你真优秀"，但是"优秀"在哪里呢？

没有具体的点，即便别人真的优秀、真的出色，也很难认同这些模糊的概念性语言。

美丽人如其名，非常美丽，身边不乏众多追求者，但是美丽一听他们说话就很烦，说来说去就是那么几句："你真漂亮""你真白"，让人不胜其烦。但是李哲就不一样，李哲见到美丽的第一句话就是："听你的上司说，你不仅美丽而且有能力，我还不相信。今天看到你能将××案子完成得那么好，非常折服，看来你的能力和你的容貌一样出色。"这让美丽听得耳顺不已。

要知道，赞美可不是吹气球，越大越空越好，而是要说到对方最得意的地方，就像赞美美丽，她最得意的地方就是虽然自己有漂亮这一优势，但是自己活得漂亮全凭本事。

" 巧嘴小课堂

> 见到、听到别人得意的事，一定别忘了去赞美。如果一个人给你看了他小孩的照片，那么你一定要记得夸他家小孩，别无声地放回去，否则对方必然会不高兴。

借他人之口赞美对方，赞美才更显**真实**

在新闻学中，有"第三者赞美"的写作手法。何谓"第三者赞美"的写作手法呢？就是在新闻报道中记者不会直接表扬新闻人物，而是借助其他人的嘴对新闻人物进行赞美或者表扬。这种用法的好处就是"第三者赞美"往往比直接赞美显得更有说服力，容易为受众所接受。我们在说话的时候不妨借助这种方法，让赞美的话轻松为被赞美对象所接受。

他的梦想是成为明星，但是想成为明星的演员太多了，他还只是个电影学院的在校生，只在一些影视剧中跑过龙套。有一个圈内资深导演告诉他："你的意志力极其不集中，任何一个注意力不集中的人都无法成为一个好的演员。"他很沮丧，想趁早改行，就在他收拾东西准备离开电影学院的时候，一个朋友鼓励他："那个导演在胡说八道，别听他的。前几天我跟电影学院的老师谈起你的时候，他说将来最有希望成为明星的就是你。"一句话就让他恢复了自信。在随后的日子里，他真的顺风顺水，出演了几部大戏，很快成长为一线男星。

其实，所谓的老师说只是那位朋友编造的，目的是为了激励这位演员的信心，因为在那种情况下，直接表达自己的意见，效果是极其有限的，而引用第三者"老师"的意见，就使赞美鼓励的话更具有说服力。

在第三者面前多说赞美别人的话

在日常生活中我们常常发现，第三者说的话往往比我们自话自说更有说服力。这就不难说明，为什么在法庭审理中通常会采用第三者的证言，而不是诉讼双方的证言。所以，找到你要赞美的那个人的优点，并在他所看重的人面前去间接赞美他。等到你间接赞美他的话传到他的耳朵里以后，他会更受用你的赞美，对你更加有好感。

"80后"的媳妇和"50后"的婆婆，思想行为很难合拍，王芸早早地看过了一些教育帖子，做好了应对婆婆的准备。

婆婆头几个月看王芸是哪里都不对，包括她洗碗的姿势和放盐的多少，这让王芸苦不堪言。然而最近一段时间，婆婆突然变得亲切多了，让王芸多少有些不适应。王芸跟丈夫闹矛盾的时候，婆婆也是坚决地站在她这头。王芸大惑不解。

直到好几个月后王芸才知道原因。

那次婆婆病了，王芸去医院看护，还没有进病房门，就听见病房里面婆婆的几个老姐妹说："就知道你有个孝顺儿媳妇，那会儿还跟我们不熟呢，我们问她婆婆怎么样，她说，婆婆人好，对儿子好，对自己好，跟亲妈一样。"原来是自己无意中在婆婆的老姐妹跟前赞美了婆婆，让婆婆对自己的态度完全改观。

试想一下，如果王芸直接跟婆婆说："你真好，你对我真好，跟我亲妈一样。"会有如今这种效果吗？

引用第三者的话来赞美对方

引用第三者的话来赞美对方，这样比直接赞美的效果要好得多。打个比方说，如果你见到小毛，你对他说："嗨，前几天见到小李了，他说你又帅又有气质。"小毛肯定会笑眯眯地将这份夸奖照单全收的，对你好感倍增，而且他决不会去跟小李调查求证。若小李还是小毛敬重的人，那么效果就会更好。为什么会这样呢？因为在一般人的心中，总是认为第三者所说的话比较客观公正，所以，以第三者的口吻来赞美，更能得到被赞美者的好感。

京城的一家大的百货公司里，一些名牌专柜的售货小姐服务态度很不好，不好到什么地步呢？简直可以说每天都能接到投诉的电话。专柜主任解决办法与众不同，而且效果惊人，说完她们后，这些售货小姐立刻笑脸迎人，简直可以说是脱胎换骨，销售业绩也是蒸蒸日上。专柜主任是怎么说的呢？他并没有大加指责，而是对那些客人投诉最多的售货小姐们说："前几天章子怡的经纪人来这里买东西，他跟我称赞你们服务亲切，希望你们继续保持。对了，陈凯歌的片场人员也跟我说你们很有礼貌。"

谁知道章子怡的经纪人是谁，但是章子怡哪个女孩不知道？谁知道陈凯歌的片场人员是干什么的，但是陈凯歌可是大导演啊！被他们的经纪人和片场人员表扬赞美，就相当于是被他们本人表扬赞美，售货小姐们能不喜上眉梢、笑脸迎人？

引用第三者的话来赞美对方，不仅能达到赞美对方的目的，还能维护大家心理安全的需要，因为你可以完全不对"他人的话"负责。而对方则不但要感激你的赞美，还要对你的赞美"负责"，用实际行动证明或加强其配得上你的赞美。这样，你便可利用对方的这一心理来提出你的请求，不管对方是否答应，他肯定会慎重对待的。

巧嘴小课堂

在第三者面前赞美他人十分有效，但是要注意，选取合适的第三者更加重要，要确保第三者能将你的赞美传到目标对象的耳朵里。同样道理，引用第三者的话来赞美目标对象，也要找目标对象熟识并敬重的人。

赞美要有逻辑，避免 **前后矛盾**

松下幸之助说："辛劳被肯定后所流露的感激，是无与伦比的喜悦。"表扬是领导工作方式中最富魅力的方式之一，是打动人的心灵、激发人的情感、鼓励人的热情的极佳手段。美国钢铁大王卡内基说过："我很幸运地具有一种唤起人们热忱的能力，这是我仅有的长处。要使人们始终处于施展才干的最佳状态，唯一有效的办法就是表扬和鼓励。没有比受到上司批评更扼杀人的积极性的了。我绝不批评人，激励人自觉地去发挥他的作用。嘉许下属我从不吝啬，而批评责备却非常小气。只要我认为某人出类拔萃，就会由衷地给予称赞，并且不惜奉出所有的赞词。"

赞美的作用的确巨大，然而，把握赞美的要领也相当关键。赞美的话语要是说得好，就能联络感情，化腐朽为神奇；说得不好，就近乎阿谀奉承，让人厌恶。

万科长被调走了，空出了科长一职。这个职位让大家趋之若鹜，纷纷去跟处长"套磁"。也难怪，科长让谁当，处长可是很有发言权的。大龙想，无论是论资历还是论能力，科长的位置自己都是当之无愧，就带上必备的"武器装备"去处长家。刚刚坐定，大龙就开始恭维处长的品位："您这眼光可真不错，这套家具的颜色和整体装修的风格真是搭配极了！"处长微微一笑，对大龙说："这是我儿子他们不要的家具，我顺便给捡回来了。"大龙颇觉尴尬，又改口说："怪不得，的确有些旧，样式不大入时。"处长又说："可是这也是高档货哇！"大龙不知道该怎么接话了。

赞美最忌讳前后矛盾，矛盾的地方往往容易受到别人的诘难。那么怎样才能让自己的赞美不出现前后矛盾的情况呢？

覆水难收，已经说出去的赞美就别再改口

说出去的话就如泼出去的水，无法挽回。赞美也是这样，一旦说出口，就不能改口，否则会让对方觉得你不诚实。

朵拉新穿了一件衣裳，十分漂亮。小马对朵拉倾慕已久，跟朵拉说："朵拉，这件衣裳我可是从杂志上见过，今年国际上的最新款，真是漂亮，尤其是你穿上，比模特还漂亮。"类似的赞美朵拉听得多了，不为所动，只是问了句："你确定这是今年的国际最新款？"小马有点儿不确定朵拉的想法，便犹疑地说："那个，我的记忆力你是知道的，总是记得不大确切。"

朵拉"哦"了一声，就闭口不言了。小马的犹疑让朵拉明白，他的赞美是信口胡诌的。

赞美相当于是对别人的评价，如果评价出现前后矛盾或拿不准的状况，那么被赞美者肯定会对赞美者的印象发生改变，并且这种改变

百分百是负面的。

谎话要用谎话圆，赞美要用赞美圆

常常在生活中听到这样的话，一个谎言往往要用一千个谎言来圆。可是我们的赞美有时候也是善意的谎言，为了让我们的赞美看上去非常"真实"，不妨用另一个赞美来圆。

这家商场货物繁多，而且销售人员无论是口才还是修养都是一流的。很多人只要进去购物一次，就会变成这家商场的铁杆粉丝。很多人好奇这家商场是怎样做到的，同行更是派出人员进行打探，于娜便是"密探"中的一员。

于娜选了一款化妆品，服务员同她说："您的皮肤很好，面色很红润，做些简单的护理能让您更加年轻漂亮。"于娜便故意问："你说我多大？"服务员看了下于娜，很含混地说："您大概三十左右。"其实于娜今年已经45岁了，但是于娜故意夸张地说："天哪！我才29岁！"服务员立刻说："您的皮肤特别好，看肤色的确能看出您很年轻，但是现在很多人都用我们的化妆品，所以年龄很不好界定。"于娜顿时觉得这些服务人员了不得，简直到了泰山崩于面前不改色的地步。

如果推销的女孩子在听到于娜说自己才29岁时，改口说"那您挺老相的"，只会显得自己太不会说话。

案例中的推销人员不仅不改口，还巧妙地赞美了自己的产品，让人不得不服。

所以，我们得出这样的结论：在赞美别人的时候，诚实第一，不过要是出于某种原因不得不加入善意的谎言，那么唯一的策略就是让善意延续下去。

巧嘴小课堂

赞美别人时，要避免出现自相矛盾的情况，最好的办法就是出口之前在舌头里面转一转。赞美的话说出口别人不买账，也不用忙着否定，另起一个赞美便是。

恰到好处的赞美胜过 **千言万语**

赞美虽好，也要谨记过犹不及。赞美说得过于频繁，不仅被赞美的人不会喜欢，而且极容易心生反感。恰当的赞美就不会这样，能让被赞美的人心花怒放。

茉莉和不少朋友的家庭成员相处得都很好，其中有一家，她同朋友的母亲之间的友谊甚至超出了她和朋友之间的友谊。那么茉莉是怎样成为一位老太太的朋友呢？起因就是茉莉在初次见面的时候随便说的一句话。要知道，朋友的母亲是一位高级知识分子，当时茉莉跟几个同事随同朋友见到了朋友的母亲，几个同事相继变着法赞美老太太，孰料最后都被老太太一句话给打败了。

老太太说："现在的人都是'暴发户'，因为做高帽子的确不费力，所以大家都慷慨地派送。"一时间大家都不知道怎样应对，只是干笑。这时只听茉莉开口了："阿姨，您佩戴的坠子很少见，非常特别。"老太太顿时笑出了声，一边笑一边招呼大家屋里坐。因为这个坠子真的很特别，是老太太在巴黎买的，真正的限量版。

虽然爱听好话是人的天性，但是一个人受到别人言过其实的赞美的时候，总是会不自在，甚至会猜疑赞美者的用心。所以赞美对方要恰到好处，过头就会适得其反。那么怎样让赞美恰到好处呢？

点到为止，说到对方长处一句胜过千万句

赞美别人的首要条件是要有一份诚挚的心以及一份认真的态度。心理学家指出，言辞会反映一个人的心理。所以，轻率的说话态度会很容易被对方识破，以致产生不快。

即便赞美是人际关系的"万能灵药"，也不能滥用。凡事过犹不及，夸到对方长处的一句赞美，往往胜过千万句过头的奉承话。

她是一位演员，名演员，曾经得过奥斯卡奖。而且她容貌美丽，很多人见到她都会发自内心地赞美："您真美丽""您是我见过的最美丽、最有魅力的女人"……但是她往往不为所动。于是很多人说她很难接近，甚至有人说她依仗美貌不可一世。很多记者想要采访她都铩羽而归，但是有一位记者却从来没有碰过壁，大家很好奇他是怎样做到的。他说："我也会赞美她，我会赞美她的演技。要知道，她宁愿放弃出演电影的机会也要去演舞台剧，就是因为舞台剧观众不关注她的美貌，只关注她的演技。"

这位女演员就是费雯·丽，出演过《乱世佳人》和《欲望号街车》。在奥斯卡的颁奖典礼上，评委描述她：一个演员，有如此美貌，就不需要如此的演技；有如此的演技，就不需要这样的美貌，好莱坞今夜为她一人倾倒。

赞美好不需多，背后赞扬一句胜过眼前千万句

对于不了解的人，你胡乱地赞美，不仅让人厌烦，而且还容易触到雷区，最好不要深谈。但是，等你找出他喜欢哪种赞美的时候，往往他已经不在你的身边，这个时候怎么办？那就背后称颂他，只要你们的朋友圈有一定的交集，不愁你的赞扬传不到他的耳中。而且背后称颂的效果更好，虽然三言两语，但是足以让人高兴。

边洪海的升职速度非常快，从普通职员到部门经理只用了半年时间。为什么边洪海这么厉害？就因为他会背后赞美别人。

不管是商务谈判还是商务聚会，他不会直接去赞美谈话对象，而是等对方走后，去对方的朋友面前赞美对方。

经商的人们奉行这样的话："一个人的朋友，就是他自己的镜子。"在某人面前赞美他的朋友，就相当于赞美了他。而且，这种赞美还会拐着弯地传到被赞美对象的耳朵里，可谓一举两得。

边洪海轻而易举地打开了自己的社交局面，比那些喋喋不休地对对方说"你年少有为""你经营有道"的人，他不知道高明多少。

由此可见，赞美贵在让人相信，让人得意，而不在多。就像是挠痒痒，你就算是挠了痒处旁边一千下，也不如挠在当中一下。

❝ 巧嘴小课堂

过分的赞美收获不到我们预期的效果，想要让我们的赞美发挥效果最大化，可以选择赞美对方的长处或者背后赞美。❞

带着感情的赞美更容易 **感动对方**

只有发自内心的真诚的赞美，才能显示出赞美的光辉和魅力，才能让人感觉到彼此间心灵与心灵的交融。

陆小果在书上看到一个说法，说要建立良好的人际关系，首先就要学会赞美别人，于是他就照着上面的说法去做了。他每天都赞美别人，但是并没有收到什么好的效果。他是怎么赞美别人的呢？

陆小果发现程留香换了一张电脑桌，就说："你的电脑桌很棒啊！"程留香瞪了他一眼，一句话也没有说。陆小果相当尴尬，因为他也知道，程留香新换的电脑桌是老板淘汰不用的。

陆小果赞美程留香新换的电脑桌很棒，连他自己都不信，怎么可能被程留香笑纳呢？

国外有一句俗话："若是想要收成，就去种地吧；若是想要成就，就去培育感情吧。"种地还要受到天灾人祸的影响，可是进行感情投资所获得的回报则要可靠得多。一份真正深厚牢固的感情，即使经过风吹雨打、沧海桑田的巨大变迁也不会褪色，而真诚的赞美，往往能为你带来一份深厚的感情。

赞美对方真正存在的长处

赞美，是人际关系的润滑剂；赞美，是培养友谊的温床；赞美是人与人之间和谐相处的良方。但是，赞美有一个前提，那就是要真诚。心理学家林克曾经做过一个调查，指出："良好的人际关系对生活的幸福，具有首要的意义。"也就是说，想要幸福就要有好的人际关系，而赞美是获得好的人际关系不可或缺的因素，而真诚是赞美的重中之重。

谁都知道王维是个难惹的老头，软硬不吃，可就是这么一个狠角色，竟然被新来的苗苗"拿下"了。

苗苗是个说话很小声的女孩子，成了王维的关门弟子，王维简直是不遗余力地帮助她做一名合格的记者！为什么会这样呢？苗苗也不清楚，大家非要她回想，她想了半天才想起来了。有一次她跟王维说话的时候，发现王维的头发很好，不由想起了家乡脱发的爸爸，脱口而出："您的头发真好，我爸爸的头发就不好，我真希望我爸爸的头发跟您的头发一样好。"王维诧异地看了苗苗一眼，说："也是大不如前了。"后来王维对苗苗的态度就一天胜似一天。

苗苗误打误撞运用了赞美的法宝，那就是去赞美对方真正存在的长处，而且加入自己的情感元素。苗苗看见年长的王维，便想到年老的父母，王维内心肯定会赞许："这孩子懂事，重感情，我得帮她一把。"

赞美对方的细节

赞美对方的细节是赞美的原则。比如说，赞美对方的衣服漂亮，远不如具体赞美衣服颜色、款式、质地来得好；赞美别人优秀，不如赞美他热情、开朗、幽默，效果更佳。任何人都喜欢被赞美，但是庸俗的赞美会让人感觉那一套"又来了"。因此，赞美要有创意，而赞美对方的细节，既能让对方直接感受到你的真诚，同样能让你的赞美之辞深入其心。

商君带着自己的夫人同外商洽谈生意。这是一笔很大的生意，很多外商趋之若鹜，外商 A 是个中国通，对商君说："您的夫人实在是太漂亮了。"商君说："哪里哪里。"两人寒暄几句，并没有过多地说话。外商 B 对中文一知半解，他也夸赞商君的夫人漂亮。商君依旧说："哪里哪里。"

"您夫人的眼睛很漂亮，像是我们女王皇冠上的宝石；皮肤很好，就像中国的最精美的玉器；气质好，让人想到戴安娜王妃。"话音刚落，商君跟夫人哈哈大笑，开始跟他愉快地攀谈起来。

对中文一知半解的外商B歪打正着，具体赞美了商君夫人哪里漂亮，收到了"惊喜"。可见，赞美对方的细节就算是出于误解为之，只要实话实说，也会被目标对象笑纳。

巧嘴小课堂

赞美别人，真诚是前提，创意是辅助，具体是核心，驾驭语言是关键，恰到好处是重中之重。

第五章

说好拒绝话，
用正确的方式说
"不"

拒绝是一门艺术，拒绝更需要艺术。有些事总需拉下脸
面才能做成，但我们在无数应该说"不"的场合沉默，
在理应拒绝的时刻延宕不决。所以，拒绝需要果敢的勇
气，更需要高超的智慧。

拒绝不说"不"，人缘好到 **没敌人**

在人际关系中，拒绝是一门容易挂科的必修课。

不拒绝，碍于情面应允了对方不合理的要求，却给自己留下了长久的不快。直截了当地拒绝，又容易伤害彼此之间的关系。那么，如何拒绝得有水平呢？

著名作家刘绍棠先生就是拒绝的高手，让我们来领略一下老文学家是如何拒绝别人的。

20世纪90年代初，刘绍棠先生得了一场大病，病体孱弱至要人搀扶行走的地步，但慕名前来的人却络绎不绝，如何在接待来访者和静养身体之间找到平衡呢？

刘绍棠先生在自家门口贴出了一则启事，上面写道："老弱病残，四类皆全；医嘱静养，金玉良言。上午时间，不可侵犯；下午会客，四时过半。人命关天，焉敢违犯；请君谅解，大家方便。"

看到刘绍棠先生的启事后，来访的人都会心一笑，按照刘绍棠先生的规定来办。

刘绍棠先生拒绝的巧妙之处在于没有用生硬的"不"字。没有人喜欢被拒绝，"不"这个冷冰冰的字眼，会令人感到难堪、不快。可是如果不直截了当地说"不"，态度暧昧而含糊，又不能达到拒绝的目的。这个时候又该如何？

分析利害法

分析利害法，摆事实，讲道理，同对方分析你无法答应的客观理由，包括自身条件不允许、时间有限制等。当然，这些客观理由必须是对方认可的。

邱国志前几个礼拜接了一个西餐厅的视觉项目，对方的执行总裁和他进行的对接。对于邱国志的新设计公司来说，这个项目真的是至关重要的。可是就在邱国志忙得热火朝天的时候，老同学发来微信，让他给免费设计一个Logo。

还没等邱国志答应，同学直接把做Logo的源文件发过来了。可邱国志真的分身乏术，更何况老同学发过来的图片像素只有60×80，放大后非常模糊。

邱国志直接给老同学打电话："我这个小公司才起步，等了仨月才开张，能不能活下去全看这单能不能一炮打响了。要是这单不成，我们全家四口都得喝西北风去。现在全公司上下6个人，全都忙活这个，到现在加班都3天了。累呀！"

老同学还在那头做最后的努力："我们这个倒是不急，要不我等等？"

邱国志接着说："那怎么可以，咱们同学一场，绝对不能耽误你的时间。这样，我给你介绍一个同行，他的本事业内皆知，就是收费比我高。你直接找他，我提前和他说一声，给你打个9折。"

话都说到这个份儿上了，老同学再怎么不识相也得另作打算了。

很多时候，我们都会遇到这样的情况。你是翻译？来帮我翻译一份文件。你是编辑？来帮我写一份稿子。很多人，尤其是隔行如隔山的人，对另一个行当的人力、脑力以及经验成本毫无感知。

对于这样的人，我们的拒绝只要分析利害就可以了。他们如果能够理解你的苦衷，也就会自动放弃自己的"过分"要求。

委婉谢绝法

委婉谢绝法是迂回战术，通常利用转移话题、另有理由、语气转折等方法进行委婉谢绝。

雪雁是画国画的，每年都会遇到各种求画的人。这些人有一个共同点就是不大客气，上来就要4条屏，6尺、8尺的。当然，都是不掏钱的。直接拒绝吧，这些人有的是自己母亲的同学、同事；有的是自家亲戚的邻居、牌友……实在不好太驳人面子。

后来再遇到求画的人，雪雁就和对方说这样一番话："国画的特点是只能加，不能减。一笔落差，全画皆毁。瑕疵品，我不能容忍，全烧了。而一幅画一笔不差，我自己得珍藏。经过反复修改完成的作品，就跟我自己的孩子一样，更舍不得送人了。"

雪雁通过描述自己创作的历程委婉地拒绝了求画的人。

拖延法

拖延法，顾名思义，就是不断地拖延，让对方知难而退。这种方法往往适用于那些"不熟悉"的"朋友"的突兀请求。

自从双鱼开了这家玉雕店，总能碰到这样的要求："我有块料子，你看看雕什么合适呢？"或者是："我这料子不值钱，随便给我雕个手把件就可以了。"这些人都是"熟人"，都不提钱的事。

面对这样的情况，双鱼使出了"拖"字决。"你这个材料，雕个手把件挺好的。先等一段时间，等我不忙的时候给你看看。"

这一等，往往就等出去两个多月，很多人都忘了这件事。如果有个别的还记着这件事，双鱼再来第二招："您还得等等，我现在的这位客户，她给了加急费，我也没办法。"

注意，在使用拖延法的时候，不能事先答应。事先答应之后再拖延，这就属于不讲诚信了。

" 巧嘴小课堂

经常用的拒绝句式有哪些呢？

"我不能肯定地说我能做，毕竟我有其他需要优先处理的事情。"

"现在的时间不是太合适，因为我在做手头的事。过段时间再联系好吗？"

"我并不是做这个的最佳人选，要不你试试找××？"

深思拒绝法，不会给对方留下 **敷衍的印象**

很多时候，我们会面对各种各样的要求，比如说：朋友来电话，跟你借一百万元，但是你银行卡上的数字连三位数都不到；老板下命令，要你去南极洲开展工作，估计也就是跟企鹅做做沟通之类；你妻子想让你给她买一件貂皮大衣，但是她的腰围是那件大衣尺码的两倍；客户暗示你好几次，只有回扣才能让他点头……这个时候怎么办？

他是哥哥，他在家中贴满了"大字报"，上面用他知道的所有的恶毒语词咒骂着那个人。那个人是谁？是他的弟弟，亲弟弟，他疼爱的亲弟弟。为什么会这样呢？同胞兄弟为什么会反目成仇？原因是一次拒绝。

那次区政府出台一项政策——老师可以优惠买房。他想买房，但他不是老师，弟弟却是。他便兴冲冲地去找弟弟，让弟弟出面买房，他出钱。但是区政府规定，教师凭借教师资格证才能买房，不得重复使用。弟弟也计划买房，所以当他兴冲冲地找到弟弟的时候，弟弟轻描淡写的一句"再说吧"浇熄了他所有的热情。等到他试着又问弟弟能不能帮忙的时候，弟弟又说："到时候再说。我还有事，忙着呢。"他彻底怒了。

让哥哥生气的也许不仅是弟弟不帮忙，而是弟弟敷衍的态度。要知道，拒绝他人是可以的，但是切忌表现出敷衍、冷淡的态度，这会让对方觉得你轻视他，对你产生怒气。那么我们在拒绝别人的时候，要怎么样才能不致给人留下敷衍的印象呢？

拒绝之前思考一下，别让对方觉得你在敷衍

很多人在听完对方的请求后，不停摇头，连连摆手，嘴上重复两个字——"不行"。这样的人，会让人觉得不仅态度敷衍，而且冷漠无情。所以说，听完对方请求，明白自己帮不上忙，也不要立刻拒绝。心理学家指出，如果需要拒绝别人的请求，那么在听完之后，思考一下再拒绝，更易于对方接受。

江珊很美，美得让全办公室的未婚男人都在遐想，但是江珊是已经有男朋友的人了。而小伟却觉得，只要精诚所至，绝对能金石为开，所以每天坚持发一条祝福短信，比10086都勤快，直到情人节的时候，小伟抱着玫瑰花向江珊表白。江珊觉得在一个办公室抬头不见低头见，直截了当拒绝，弄得太僵，以后不好相处，但是若是继续不作反应，小伟还会一头热下去，并且这事若是传到男友耳中，肯定会掀起风波。想了想，江珊对小伟说："感情呢，就像是乘法，如果一方是零的话，那么另一方的数再大，相乘出来的结果还是零。"小伟知道了江珊的真实想法，明白自己的行为的确唐突。

江珊不可说不智慧，她的智慧体现在两个方面。第一个方面，就是她拒绝的态度坚决。拒绝难免会令被拒绝者失落，但是不能因此而犹豫不决。第二个方面，江珊尽力地维护了对方的自尊，如果她看也不看那花一眼，轻蔑地离开，那么小伟会不会因爱生恨做出什么出格的事情来？谁也说不好。所以，不要立刻拒绝，适当地思考一下，能让对方觉得你的拒绝可以接受。

拒绝之前表示同情，别让对方觉得你无情

拒绝之前，对对方的困境适当地表示一下同情，适度地描述一下自己的心情，之后再说出你的无能为力，对方就会觉得不是你不为也，而是你不能也，便能接受你的拒绝了。

景升十分难受，人到中年失业了，上有老，下有小，养家糊口时不我待，学新知识需要时间，不学知识又没有一技之长，怎么办？听说人事局有个老同学，便厚着脸皮去找对方，希望对方能给自己帮帮忙。见到老同学，寒暄几句，说出请求后，泪流成行。老同学得知他的遭遇以后连声叹气，安慰劝导他很久。等到最后，老同学为难地表示，自己不过是个小小的办事员，很想帮景升一把，但实在是有心无力。

景升回去的时候，对老同学没有任何不快的表示。为什么会这样呢？因为景升虽然没能获得老同学的帮助，但他已经得到了后者的情感慰藉。

巧嘴小课堂

拒绝他人并且不伤感情需要记得5个要领：（1）婉转地拒绝；（2）要有笑容地拒绝；（3）要有代替地拒绝；（4）要有出路地拒绝；（5）要有帮助地拒绝。

转移拒绝法，让对方 **知难而退**

我们为什么难以说"不"？因为我们不愿意伤害他人的感情。于是我们面对别人的请求，往往选择以牺牲自我为代价（时间、精力、好心情……），换取人际关系的和谐。但是这种和谐，只不过是"虚假繁荣"，往往给我们带来负面的心理感受。

如果我们真的不愿意直截了当地拒绝别人，那么就需要学一些拒绝的技巧，比如转移拒绝法。转移拒绝法，先找到话题，迷惑对方，让其渐渐松懈，再找到借口及时退出，达到拒绝的目的。

陈浩的朋友上门借钱，一进门就大吐苦水。毕业10年，虽然从小兵熬到了经理，可是一直没有什么积蓄，买不起房。现在好不容易攒了点儿钱，争取付个首付，就差20万元，希望老朋友能帮帮忙。

陈浩不想借，第一他手里没有这笔钱，第二他觉得朋友之间一谈钱就伤感情。于是他就开始说自己的事：当年他父亲病重时和亲戚借钱，亲戚们都不借，只有二姑拿了一点儿。等到他经济稍微好转的时候，就连本带利地还了。

可是年初二姑家的表弟准备结婚，二姑过来借钱，张口就是15万元。陈浩说自己也刚买完房没什么钱，二姑立刻破口大骂他忘恩负义。

"所以，咱们中国人情债最难还，因为人情是没有办法量化的，就算是经济上清偿了，可是中国式的恩情，却永远没有两清的那天。"

朋友听完若有所思，直到他告辞，也没有再提借钱的事情。

陈浩的高明之处在于没有直接拒绝，而是转移了话题，从借钱转移到恩情难偿上。

那么，我们平时拒绝他人该如何借鉴这种方法呢？

利用现场，转移注意力

借助现场的情况来转移对方的注意力。

王钏策划这次的表白很久了，他买了蜡烛摆成心的形状，里面摆着鲜花，朋友们帮忙拿着氢气球，准备在女孩出现时放飞。楼上还有朋友准备好了鲜花花瓣，随时准备下花瓣雨。

女孩如约而至，王钏一声令下，气球纷飞，花瓣落下，王钏大声喊："做我女朋友吧！"旁边人纷纷起哄："答应他，答应他，答应他……"

一直对王钏没感觉的女孩看着眼前的一切，说了一句："这些花瓣雨真漂亮。"

"因为你值得最好的。"

"就是不知道，这么多的蜡烛、花瓣，一会儿谁来收拾呢？"

"当然是我。"

"真的吗？"

"真的。"

"那你现在收拾一下呗？"

"……"

女孩很聪明，在那种氛围下巧妙借助现场的"道具"，迅速地转移了话题，同时也表明了自己拒绝的态度。

先声夺人，转移话题

当对方神情不自然，说话也开始变得支支吾吾的时候，我们基本可判断他要提一个令人为难的请求了。这个时候，你就可以先声夺人，在对方完全摊开话题前另起炉灶，开始一个新的话题。通过这种行为，委婉地表达你的态度——我不想听你的请求。

自从于延当上了某银行的人事处长之后，上门的人就多了起来。这天，又来了一位，还是不能撕破脸的那种——自己的老同学。

两人坐在沙发上叙旧，从小时候的友情谈到了孩子的教育，老朋友唉声叹气，欲言又止。于延心知肚明，老同学八成准备张口让自己帮忙给他的亲朋友好友安排工作了。

就在老同学说："我儿子，你知道吧？你小时候还抱过他，记不记得？有一回还尿你一身？"于延立刻回答："记得记得，他跟我儿子差不多年纪。你说我那儿子，都没法说，特别不争气，本科毕业后到现在连个工作都找不到，愁死我了！"

老同学明显一愣："不可能吧？你堂堂的人事处长，连自己儿子的工作都安排不了？"

"我是人事处长不假，可是单位又不是我的一言堂，大家的眼睛雪亮雪亮的，我要是敢走关系、开后门，我的位置早就换人坐了！"

最后，老同学自然没有把给儿子找工作的请求说出口。

但是先声夺人对于我们的要求比较高，要求我们注意观察谈话者的神情变化。

巧嘴小课堂

经常用的拒绝句式有哪些呢？

"××曾经向我提过这样的要求，我当时的回答是……"

"你有没有看今天的新闻头条？有这样一件事和我们现在的情况有点儿类似……"

拒绝要坚决，含糊其辞 **害人害己**

"列车即将进站，请乘客们站在黄色安全线内候车。"相信每天乘坐地铁上下班的人都很熟悉这句话。你对某条地铁的熟悉程度就好比你和办公室某些同事的熟悉程度一样。但你是否知道，它们都具有一个共同之处，那就是各自都有一条不可逾越的黄色安全线。无论是能力还是原则，每个人都有自己的黄色安全线。所以，当对方的请求触及这条黄色安全线的时候，我们只能说"不"，但是说"不"的时候，我们又难免会考虑国人好面子的国情，于是支支吾吾、含糊其辞的状况出现了。

自从周微当上了银行人事处长以后，就忙了许多，很多人登门拜访请他帮忙，这让他很是头疼。有一天，他的老同学登门求助："我儿子大学毕业一年多，还没有找到工作，你看你能不能想个办法。"这孩子不仅专业不对口，而且水平和能力都欠缺，甭说进银行了，找个一般的工作都很是困难。但对方是自己的老同学啊，不看僧面看佛面，于是周微就说："真是不巧，最近我们单位没有招聘人的计划，不过你别担心，一有招聘的计划，我肯定帮你。"老同学欢天喜地地走了，周微也沾沾自喜自己拒绝人的技巧。没有想到两个月后，老同学的电话打过来了："我可听说你们单位招人了啊，怎么样啊？上次答应我的事情给我办了吧？"周微头疼不已。

周微的拒绝，虽然注重了内容的委婉，但是忽略了拒绝本身要表达的目的，那就是说"不"的本意就是拒绝，而不是本末倒置地想着采取什么样的方式拒绝。拒绝的态度虽应温和，但是明显办不到的事应明白地说出"不"字。模棱两可的说法使对方怀有希望，引发误解，当最终无法实现时，就会使对方觉得受了欺骗，如此引起的不满和对立情绪往往更加强烈。俗话说，长痛不如短痛，晚断不如早断，要一次就让对方死心，否则害人害己。

那么，在现实生活中，我们要如何肯定地拒绝对方呢？

用词委婉，态度坚决

拒绝可以选择很多种方法，用词要尽量委婉，但是态度一定要坚决。很多人顾虑重重，认为拒绝意味着伤害，因此犹豫不决。要知道，但凡有求于你的人，思想会十分敏感，如果你拒绝的态度不够坚决的话，很容易造成对方的误会，你所采用的礼貌或者是顾全脸面的思想，会让对方心怀希望，最后往往带来比拒绝更大的伤害。

小凡有个亲戚是做直销的，一直想说动小凡一起干，所以小凡比任何人都明白不干脆拒绝的坏处。亲戚第一次拜访小凡，出于客气，小凡说："有时间去看看！"于是这个亲戚便掌控了他所有的档期，每个双休日都问他有没有时间。第二次拜访，小凡说直销的产品太贵——这本来是很明显拒绝了，可亲戚锲而不舍，开始货比三家，拿出其他类的产品给小凡作对比，同时也做了一些产品的对比试验。第三次拜访，小凡跟他说周围做直销的没有那么赚钱，一没有那么好的嘴皮子功夫，二是没有那么厚的脸皮，三更是没有那么广的交游。亲戚立刻不乐意了，说你不试试怎么知道？于是第四次、第五次、第六次……最后一次，小凡终于忍无可忍地说："我实在是不愿意做直销。你还是请回吧。"于是，小凡清净了。

拒绝理由坚不可摧

不知道从什么时候起，我们拒绝别人的时候都要先说对不起，无缘无故理短三分。因为不可能用一个"不"字就让对方打道回府，"不"后面有着合情合理的注解，我们无非是想让对方明白，自己的拒绝对事不对人。可是我们的理由往往又让对方看见了一丝曙光。于是麻烦就像是滚雪球一样越滚越大，让我们不堪其扰。

电影《桃花运》明确告诉我们：并非每个人的感情生活都能一帆风顺，在真命天子出现之前可能身边围绕着许多"烂桃花"。如果想谈一段靠谱恋爱，那么在面对意外纠缠时就该明确立场，千万别卷到一团糟的混乱关系中。小牧就卷入了跟Mr.wrong的纠缠之中来。她想在给足对方面子的同时让自己全身而退，安全撤离"感情骚扰"："和你在一起时放松又舒服，但我们之间就是不来电。"本来以为表达够委婉含蓄，可惜对方根本没有领会，全然专注于前面那句"和你在一起时放松又舒服"了。于是在单位微信群中，只要小牧一说话，这个人立刻接话茬，害得大家以为两人暗度陈仓好久了。中午的时候，Mr.wrong还故意抢走小牧订的饭，然后要请小牧吃饭，让小牧不

118

堪其扰。小牧干脆豁出去了，跟对方说："其实我也希望能对你说我喜欢你的，但无论如何我不能骗人。我这个人呢，心眼小，向来记仇不记好，你明天有时间订一份饭还我，我就不为了一份午饭做个小布人扎你了……"

在拒绝别人的时候，能找到坚不可摧的理由是最好不过的事情，但是如果拒绝的理由不充分，那么干脆直接拒绝，不给理由，更不能编造理由，因为谎言终究会被揭穿，到时候可就被动了。

巧嘴小课堂

当你拒绝别人的时候启用了理由，那么当你说明理由后，若对方试图反驳，你千万不可与之争辩，只要重申拒绝就可以了，争辩往往会把理性变成感性，那么问题就会越来越大。

拒绝后给对方提供一个替代的 **方案**

一个人如果想要别人理解自己，就先要学会理解他人。事实上，任何人遭受拒绝，心里都不会舒服。因此，如果在拒绝别人后，能有针对性地向对方提供一个替代的方案，给对方一个贴切的建议或意见，就会让对方感受到你的善意，理解你拒绝他属于情非得已。

珊珊和大秦终于结束爱情马拉松走进了结婚礼堂。大秦是单亲家庭的独子，秦妈妈害怕寂寞，理所当然地提出要和儿子、媳妇同住。但是，小两口认为与老人同住压力太大，又担心日子久了会产生摩擦。于是，大秦出面说服妈妈。

大秦对妈妈说："妈，您也辛苦一辈子了，从来没为自己活过，我现在已经结婚了，不忍心再依赖你。你还是让我们两人试着单独生活吧！"说这话时，大秦一直在观察妈妈的脸色，知道她内心矛盾，于是又说，"我保证每个周末都来陪您，而且我强烈建议你参加社区组织的老年文艺团，享受晚年生活。"原来，秦妈妈一直热爱文艺，于是欣然接受了儿子的提议。

珊珊和大秦高明的地方在于，拒绝婆婆后，马上用替代法给老人提出合理的建议。既安抚了秦妈妈的思子之情，又激发了她对新生活的热情，实现了两代人的共赢。可见，巧妙地提供一个替代方案是缓解拒绝者与被拒绝者之间矛盾的有效手段。

启发鼓励对方

拒绝容易使人产生猜疑和误解，但如果能启发鼓励对方寻找其他办法，不仅能恰当表达出自己的同情和关心，也能轻易化解双方的尴尬。

一个文学青年去拜访一位知名作家，希望得到这位作家的指点。作家看了他写的文章后说，华丽有余而力量不足，但总体的文字基础还是不错，如果坚持下去，会有不小的收获。听到作家的褒奖后，这个青年很开心，发誓要写出个名堂来。

临走的时候，这个青年提出一个不情之请。他告诉作家自己现在非常拮据，能否请作家帮他买一张回程车票。作家听到后语重心长地对年轻人说："我也有过贫困潦倒的时候。那一次我也没钱买票回家，于是我就在杂货店里买了一个鞋刷和一盒鞋油，站在路边给行人擦鞋，最后终于凑足了回程的车票钱。"作家说完，意味深长地看着年轻人继续说道，"人这一生，会遇到很多困难，我们都要努力想办法克服，只有自己才能帮助自己。"年轻人听后豁然开朗。之后的几年里，这个年轻人凭借自己的执着和努力，终于成为一名优秀的作家。

在这里，作家拒绝了年轻人的要求，但是告诉了他该怎么去克服困难。作家现身说法，巧妙地开启了年轻人的心灵，让对方忘记被拒绝的难堪，恢复了自尊和自信。被拒绝的人，从幻想依靠别人帮助转变为挖掘自己本身的潜能，这是你对他的另一种帮助。

给予心理补偿

拒绝后不失时机地激励对方，让其在心理上感觉得到了补偿，这不失为一个稳妥的维系人际关系的方法。人们若能凡事多为他人着想，多给别人留一些尊严、一些体谅，必能赢得别人长久的友谊与尊重。

吴先生刚创立公司的时候只有四个业务员，其中小刘是四个人中业务能力最强的一个，吴先生早有提拔他的想法。然而，有一天，小刘突然对吴先生提出每天早上晚来一个小时。理由是他住的地方离公司太远，晚上又经常加班，实在太累。吴先生听后笑着对小刘说："小刘，你是业务员当中的骨干，一直都是大家的榜样。公司刚成立，制度应该维护，你如果晚来，就会给其他业务员形成不良影响，所以我不能批准。"说到这里，吴先生看了看沉思中的小刘，话锋一转，依旧笑着说道："实话告诉你，你是几个业务员中我最器重的一个，再过不久公司进一步壮大，我准备提拔你来当主管，希望你不辜负我的期望。"小刘听到这话后，非常感激老板的器重和照顾，不仅收回了要求，工作也更加努力了。

吴先生不愧为一个精明的老板，他的一席话不仅挽留了一个能力优秀的业务员，又坚持了公司的原则。他先肯定了小刘的优秀才能，然后又以公司的规章制度这一合理的理由拒绝了小刘的要求。但是在拒绝之后，他又及时地提出了替补方案，这让小刘在心理上得到了最大安慰，而吴先生也维护了公司的制度。

拒绝别人之后，在话语中给予适当的补偿，不但能够温暖被拒者的心灵，运用恰当的话，还能进一步拉近彼此的距离。

退而求其次原则

当你不得已拒绝别人时，尤其是在面临感情问题的时候，退而求其次方案不仅可以消除两人之间的尴尬或矛盾，还可以继续保持住从前的关系。

刘菲菲是一个聪明靓丽、人见人爱的女孩，有很多同龄的男孩子喜欢她。但是，刚上大一的她只想将精力都投入学习当中，不想过早地走入恋情。所以，她行事一直都很低调。尽管如此，她还是收到了一封同班男生的情书。刘菲菲知道对方是一个很害羞腼腆的男孩，能写出这样的真情告白，一定是出于一颗真诚的心。善良的女孩不想伤害这个痴情的大男孩，于是委婉地给他回复了一封信。信中坦白了自己不想恋爱的想法，但是希望能够有一位像他那样优秀的哥哥。男生收到回信后，虽然有过犹豫，但最后还是欣然同意。就这样，刘菲菲不动声色地化解了一场求爱风波。

刘菲菲是一个善良聪明的女孩，她这样做既不伤男孩子的自尊心，又表明了自己的立场，而且增进了两人的友谊，可谓一箭三雕。

拒绝他人后提供替代方案是一种双赢的处世技巧，于人于己都有利。

第六章

说好劝说话，反对的话也要说得让人舒服

劝说别人接受某种观点、行为或者事实是人们常遇到的问题。不少人苦于自己劝说无方，磨破了嘴皮，对方还是不为所动。其实，学会换位思考，充分理解对方，自然能打开对方心扉。

劝人先劝己，换位思考去 **理解对方**

妻子在厨房炒菜，丈夫却在旁指手画脚："这个菜油放多了！""哎哎哎，快点儿放醋！""摆个盘再端出来"……妻子不堪打扰，忍不住吼道："我自己会炒菜！"丈夫平静地回答："我只是让你明白一下，当我开车时，你在一旁喋喋不休时我的感受。"

丈夫想通过这种方式，让妻子学会换位思考。

换位思考，是人对人的一种心理体验过程，是达成理解不可或缺的心理机制。它要求我们努力地去理解对方的经历、情感和思维方式等。

如果我们学会换位思考，做到将心比心、设身处地为对方着想，那么说服对方或者和对方建立良好的人际关系就易如反掌。

让我们看一个简单的场景：

你和女朋友爬山，因为你经常运动的关系，这个运动量对于你来说是小意思。可是女朋友不经常运动，只爬到半山腰就大汗淋漓，爬不动了。她跟你提出她不爬山了，坐在半山腰等你从山上返回来，或者让你也别爬了，跟她直接下山。

这个时候你该如何说服她？看看下面的两种方法。

第一种。你说："继续爬吧，山上不仅有许愿树，还有其他好玩的呢！听说在这座山的山顶能鸟瞰整座城市。再说你现在下山的话，也很辛苦，不如一鼓作气爬上去。"

第二种。你说："咱们先别说爬不爬的事，我看你一头的汗，累得够呛，不如咱们找个缓坡先休息一下，喝点儿水补充一下体力，好吗？如果休息过来，你觉得能继续，咱们就继续，怎么样？"

如果你是这个女孩，哪种说服方法会让你觉得更贴心？显然是第二种。不仅考虑到你很辛苦，提出了休息，补充点儿水，并将是否爬山的主动权交到你的手里。第一种呢，绞尽脑汁想到的理由比如许愿树、好玩的，都是自己感兴趣的东西，而不是对方感兴趣的东西。所谓人生百态，世界上不会有两个相同的人，你的喜好、你的经历、你的观点、你的立场……只能代表你自己。这也就意味着，真正做到换位思考并不容易。

观察力

想要换位思考，需要观察力和理解力。通过观察，获取足够多的信息并加以理解，就可以推断对方的思维方式。通过不断地观察和理解，就能达到换位思考的目的。

孩子一岁半，一直是姥姥照顾，被尽心尽力照顾得很好。这几天孩子姥姥回家处理一点儿事，在家里对孩子非常想念，天天和孩子父母视频看孩子。

姥姥问孩子妈妈："你们照顾孩子怎么样啊？"

孩子妈妈说："挺好的。"孩子爸爸接话说："对，孩子能吃能睡，不过就是不如以前精神，可能是太想您了。"

姥姥很开心，说："是吗？等我处理完手头这点儿事，马上回去！"

为什么孩子的爸爸要这么说？因为他平时观察发现，自己的岳母非常爱孩子，同时对照顾孩子也很有成就感，自己说孩子离不开对方的照顾，对方肯定很开心。

理解力

面对花朵凋零，有人就会发出"红消香断有谁怜"的感慨，也有人发出"化作春泥更护花"的赞美。这就告诉我们，我们得具有理解力才能容纳不同的价值和思维方式，才能更好地换位思考。

穆冰冰是一名售楼小姐，她接待了一名准客户。

客户："您好，我想看一下咱们的观海楼。"

穆冰冰："您好，您是打算入住呢，还是投资呢？"

客户："我还没有想好，目前打算投资，可是我家里有老人，也可能在冬天的时候来这里住一段时间。"

穆冰冰："好的，咱们的观海楼目前有一室一厅和两室一厅的户型，全部都是南北通透。观海楼一共18层，一梯两户，咱们的电梯都配有发电机，不受停电的影响。房间都是大落地窗，站在房间就能看到大海的全貌。目前呢，很多人都和您一样，想要给父母购置一处休闲养老的房产，所以这几年咱们的海景房升值很快。观海楼一期的房子，当初开盘价格一平方米2700元，现在的成交价已经涨到了一平方米7000元。"

客户："涨得真是快！"

穆冰冰："对呀，现在买真是稳赚不赔。我们有免费看房的班车，免费接送。您今天有时间就可以过去看看。"

客户："免费接送？"

穆冰冰："对，中午还提供一份简餐……"

客户："好，那我过去看看。"

这位客户从潜在客户转为真正客户的概率非常大，为什么会这样？因为穆冰冰从客户的话里提炼出两点——升值、养老，并围绕着这两点进行介绍，调动了客户的看房热情。穆冰冰的介绍方法是建立在理解上的换位思考。

" 巧嘴小课堂

当你想要劝说别人时，在张口之前，问自己三个问题：

（1）如果我是他，此刻会怎么想；

（2）他最关注的问题关键点在哪里；

（3）什么才能打动他。

先要表明自己跟对方的 **相同立场**

　　劝说别人的时候，切忌站在自己的立场上，以自己的标准为标准。因为这会让对方认为你不是在劝说他改变主意，而是在对他的生活方式指手画脚。

　　梁静人长得不错，性格也算开朗活泼，比较喜欢助人为乐，是个好姑娘，可是就是没有男朋友。每个跟她谈恋爱的男孩子跟她处不了多长时间，就挥手say goodbye 了。梁静很郁闷，想不出问题出在哪里。

　　这不，梁静又谈了一个对象，刚见面彼此印象不错，两个人约定周末去看电影。在电影院门口，男孩子买了《让子弹飞》的电影票，梁静便说："这部电影不怎么好，退了吧。"男孩子摸摸鼻子，把电影票给退了，又买了《非诚勿扰》的电影票。梁静又说："唉，冯小刚的喜剧啊，大家都看疲劳了，对吧？"男孩子又把电影票退了，买了《赵氏孤儿》的票。梁松又说："陈凯歌这么多年都没放弃文艺情怀呀！"男孩子又把电影票退了。然后就say goodbye 了。

　　其实梁静本来是好心，热门的电影票价格不菲，她本意是想劝说男孩子随便转转就好了，但是却阴差阳错地让人觉得她太难伺候，以至于把男孩子给吓跑了。那么，我们在劝说对方的时候，要怎么办呢？许多研究者发现，如果你试图改变某个人的个人爱好，你越是将自己等同于他，你就越有说服力。例如，一个优秀的推销员总在调整自己的声调、自己的音量，甚至说话的节奏、身体的姿势，恨不得连呼吸都同顾客一致。因为人类相信"自己人"。心理学家哈斯说过："一个造酒厂的老板可以告诉你为什么一种啤酒比另一种要好，但是你的朋友，不管是知识渊博的，还是才疏学浅的，却可能对你选择哪一种啤酒具有更大的影响。"因为你的朋友是"自己人"。

那么在劝说对方的时候，怎么使自己等同于对方呢？

经历相仿的"自己人"，往往劝说更容易

每个人的成长经历都存在着一些刻骨铭心的事情。在人际关系中，如果了解了对方某些刻骨铭心的事情，那么不妨将自己"装扮"成和他经历相仿的人，这时候再从自己的角度出发提出劝说，那么更容易让对方接受。

一家公司的经营已经进入了轨道，总经理便掉以轻心，天天沉迷钓鱼，但是同领域的几家公司已经蠢蠢欲动，计划联合起来吞并这家公司。

总经理不上正道，这让很多为公司倾注了心血的职工看在眼里，急在心上。大家劝说总经理多关心公司，少出去钓鱼，总经理左耳听右耳出。王庆慧便去找总经理："总经理，听说密云那里新开了一家鱼塘，十分不错，怎么样，有兴趣吗？"总经理十分高兴，说："你

也喜欢钓鱼？"王庆慧笑着说："何止喜欢，我可是行家里手。"总经理便说："那敢情好，改天咱们一起去钓鱼。"接下来两个人谈起钓鱼经。最后，王庆慧说："这钓鱼的规则多简单，找个喜欢的事情，让人上钩就是，找个人喜欢的东西，钓人都不是问题。"总经理若有所思，状有所悟。

王庆慧用的办法就是将自己变成了总经理的同道中人。相同的经历，相同的爱好，往往能拉近人与人之间的距离，这个时候再进行劝说，你便是在同一阵营中进行劝说，对方接受的可能性会更大。

巧嘴小课堂

劝说作为一门学问，奥妙无穷，"自己人"劝说，是非常重要的法则。

用名人的案例劝说对方，对方不会 **太难堪**

压力就像是一坛子酒，明明把它埋到了地底下，但是它却挥发了。张扬已经超负荷工作12个小时了，超浓的咖啡都喝了七八杯了，好不容易手中的工作告一段落，赶忙闭眼小憩。这个时候，经理来了，笃笃地敲着桌子。张扬醒了，十分忐忑，经理笑眯眯地说："我刚才在办公室里面睡着了，梦到了马尔代夫，恍惚间，看见椰林树影，水绿如蓝，鸟鸣不绝，天上人间，就在我看海浪的时候，我看到了张扬，这个时候我醒了。我想确定一下张扬是不是在睡觉，跑到了我的梦中，果真如此啊！"大家纷纷笑开了。张扬也不好意思地笑了，再冲一杯浓咖啡，继续工作。

经理的老练就在于给张扬留了面子，要知道国人是最在意面子的。那么我们该怎么样才能让对方有面子地接受我们的劝说呢？答案很简单，那就是用名人的例子劝说对方。

用榜样的例子劝说对方，对方接受时最容易

我们都有一个榜样，他们给我们指引方向，鞭策我们向前，是我们前进的标杆，是我们奋进的力量，是我们积极人生的动力源泉。所

以，我们用榜样的例子劝说对方，对方接受起来最为容易，因为他们将自己也代入榜样的成长和发展的历程中了。

"我正走在职业经理人的路上，前方最吸引我视线的亮点不知道是不是灯塔，但我知道那是唐骏。"同样是职业经理人的吴越以唐骏为他的榜样。吴越经过猎头公司跳槽到现在的公司，虽然职位和薪酬都比较高，但是很多承诺根本没有兑现，自己的职业理想和现状有很大的出入，所以他又想跳槽了。好友劝说他，说："唐骏说过一句话，什么时候跳槽可以提升你的价值？一定是一个职业经理人完成你的既定使命之后。你的偶像唐骏都说了，这个阶段你的价值和使命都实现了，你才能选择离开。你现在离开了，你自己的使命没有完成，跳槽的价值肯定实现不了。"

吴越想了想，认为朋友说的话有道理，就打消了跳槽的念头。

吴越朋友的劝说之所以见效，那是因为引用了吴越的榜样唐骏的话。这就是用榜样的例子来劝说对方，既给对方以启发，还给对方留下思考的空间。

用偶像的例子劝说对方，对方接受更快捷

偶像，往往都是针对年轻人的。当周杰伦成为年轻人的偶像的时候，吐字不清便不是缺点了，成为一种流行的风向标。很多情况下，我们可以通过偶像来劝说对方，让对方在保存颜面的同时，开始思考。

当阿珍顶着硕大的黑眼圈出现在我面前的时候，我就知道她一定是又挑灯夜战了。

"最近我不知道怎么回事，工作起来总是拖拖拉拉，不到最后一刻不着急，每当事情拖得不能再拖了，才打起精神，一鼓作气把活干完。"阿珍很无奈地跟我解释，"其实工作任务量不大，两三个小时就能搞定。"

我无奈地叹了口气。

平心而论，阿珍并不是懒散的姑娘，但是她周围的同事都有做事拖拖拉拉的习惯，近墨者黑啊。

我忽然想到阿珍非常迷恋刘德华，便说："阿珍啊，你的偶像刘德华非常了不起。"阿珍十分开心，我又说，"刘德华每次拍片子都是第一个到片场，丝毫不摆大明星的架子，做事情要求自己分秒必争。这点，你还是有差距呀！"阿珍不好意思地笑了。

我如果直奔主题劝阿珍做事别拖拉，她极有可能听不进去："别人都有这样的习惯，不好改呀。"我用阿珍的偶像刘德华劝说她，就不易被抵触，接受得更快捷。

名人的负面行为，对于劝说同样有效

在现实生活中，我们不妨用一些名人的负面行为来对目标对象进行劝说。

李牧要去应聘一家公司的业务员，这家公司很奇怪，虽然待遇不低，但是竟然要求业务员必须是名校硕士。李牧虽然是个很优秀的业务员，但是苦于没有学历这块敲门砖，便想去买个假文凭。女友很不赞同，但是深知李牧好面子的性格，若是直言相告，恐怕适得其反，便跟李牧说："你看，多有意思，方舟子打假打到了唐骏头上，说唐骏的加州大学的博士文凭是假的，唐骏就搞了一个西太平洋大学的文凭来堵打假的嘴，网上现在都传疯了，那个西太平洋大学是个奥名昭著的假文凭贩卖工厂。"说得李牧如梦初醒。

李牧后来抱着试试运气的心态，给这家公司写了一份求职信。没有想到，他第一个被录取，因为这家公司只是用文凭考验求职者的品德。试想一下，如果李牧的女朋友上来就跟李牧说："你也想像《围城》中的方鸿渐一样，搞个克莱登大学的假文凭吗？万一查出来，丢人现眼。"人都是有逆反心理的，没准李牧就会赌一把。

巧嘴小课堂

劝说一个人必须达到"一言两称心"的境界，这需要从话语、环境、主客观因素等方面进行考虑，从全局看待各个环节，不能有疏漏之处。

启发式劝说可以避免 **激化矛盾**

　　王爽早就想劝劝李娜，李娜以前可不是磨洋工的人，现在呢？上班总有事，她的病假、事假比全公司的人加起来都多得多，即便是正常上班，也经常会出现脱岗的情况，一离开就是半个多小时。王爽想劝劝她，可是李娜又是出了名的坏脾气。王爽便想了个折中的办法，她找到李娜，说："没人强制咱们不请假，可是这请假次数多了，咱们在领导心中那地位……就算是领导不说什么……"王爽说到这便往办公室里面努了努嘴。

　　《琵琶行》中说，此时无声胜有声，王爽的话，戛然而止，算是境界。李娜不是社会新鲜人，自然明白办公室中的诸般厉害。自己总是请假，同事关系难免微妙，他们会不会想：同样的工资，为什么她比我们少上那么多天的班啊？这不公平啊。

　　王爽的劝说属于启发式劝说，这种劝说方式点到为止，不易引起沟通对象的情绪反弹，往往能收到预期效果。

　　那么，我们应该如何在实际生活中运用这种启发式劝说呢？

典故不可少

　　若是能用一些大家都熟悉的典故为自己的劝说穿上一件亲和的外

137

衣，那么效果就像是为良药包上了一层糖衣。

孙伟是一家公司的中层，他的顶头上司杜松在谈判的时候颇喜欢吃回扣，这是大家都知道的秘密。孙伟认为上司这么做很不妥，要知道，大老板若是知道，杜松必然会声名扫地，而且整个业界就这么大，等同于上了业界的黑名单。但是杜松毕竟是自己的顶头上司，说重了，等同威胁；说轻了，于事无补。孙伟有一天跟杜松说："陶侃是晋代的名臣，当年没有成为封疆大吏之前，陶侃不过是一个看守库房的小官，他至孝，母亲又嗜吃鱼。于是利用职权之便，陶侃给母亲带了一罐咸鱼，母亲看了对陶侃说：'志士不饮盗泉之水，廉者不受嗟来之食。'把咸鱼还给了陶侃，陶侃深受震动。"

杜松也深受震动，他自觉地将回扣还给了客户。——幸亏他还了，过后才知老总差点儿密谋"换血"了。

孙伟面对的情况可以说是十分艰难，他要劝说的人是自己的领导。唯唯诺诺，是退缩的象征，当以退缩的姿态去劝说别人的时候，怎么能达到效果呢？飞扬跋扈，是轻视的姿态，当以轻视的姿态去劝说的时候，对方十有八九会跟你起冲突。所以，孙伟用典故巧妙地表达了自己的劝解，又让领导主动琢磨其中的深意。

例子不能缺

现实生活中，人一旦失败，总是有各种各样的挡箭牌。比如对方工作没有完成，肯定不会说自己拖拖拉拉，会说同事不断地找茬。比如对方恋爱不顺利，肯定不会说自己刚愎自用，会说自己没有穿能带来好运的那双鞋子。比如对方被老板训斥，肯定不会说自己又迟到了，会说老板的假发丢了。面对这样的情况，你如何劝说？只能从生活中找一个对对方触动最大的例子，让对方自己琢磨事情的结果。

若男新到一家公司任职，面对公司的情况，若男觉得自己虽然是经理，但属于"空降兵"，这家企业又是家族制企业，怎么能进行大刀阔斧的人事改革呢？

经理助理跟她请假，请假的理由十分详尽："三月初我工作比较紧张，便开始熬夜，瞌睡的时候硬挺着，疲倦得不行，先是嗓子发紧，随后上火，牙疼得不得了。吃了两粒药片，我继续工作奋战，结果第二天开始胃疼，肚子胀痛，腰也跟着凑热闹。我本着轻伤不下火线的精神继续奋战。第三天开始哈欠连天，但是我继续奋战，结果直接昏倒了，同事们手忙脚乱地把我抬到医院。开始高烧，吃药，打针，输液……"若男如梦初醒，立刻开始着手人事改革。

经理助理委婉地告诉若男，当你看见小病的时候，不及时制止，那么小病终究会酿成大病，你会为此付出更大的代价。有人说，大公司等级森严，颇有几分像一棵大树上爬满了猴子，中间的猴子往上看，都是屁股，往下看，都是笑脸。在这种情况下，作为下属的经理助理，要劝说经理真的是一件非常艰难的事情。她采用的方式，第一，保全了自己，第二，将自己的意见十分全面地表达出来。

正话反说效果好

正话反说，就是我们的话跟对方的价值观、人生观起冲突，但是偏偏和他的行为相契合。这样，对方仔细一想就能想到自己行为的谬误。

　　毕业于名牌大学的鲜成勇在一家外企工作。工作伊始，他十分尽心努力，想要做出一番成绩，可是天不遂人愿，第一次独立负责的工作就出现了重大的纰漏，惹得上司大发雷霆。鲜成勇感到了沉重的压力。

　　不久他又得到了一次独立作业的机会，鲜成勇兢兢业业地做了准备工作，然而可能因为压力太大的缘故，他竟然又将关键的几处给疏漏了！在这以后，鲜成勇开始越来越心不在焉，觉得自己一无是处，领导似乎永远不会重用他，于是他自我放纵，每天都去酒吧买醉。女友故意对他说："喝酒好啊，一醉解千愁，什么也不想，什么也不愁。你去吧，钱不够跟我要，我养着你。"

　　鲜成勇立刻如梦初醒，要知道，他是很大男子主义的，女朋友养他，对他而言本身就是侮辱。结合自己的情况，他不禁赧然，于是重新振作，继续奋斗。

巧嘴小课堂

　　启发式劝说，无非是多用例子、巧用典故，让劝说对象自悟。

建议前先做一番**自我批评**

语言恰到好处，便是吐纳珠玉之声，能卷舒风云之色；语言恰到好处，便是字字珠玑之语，能转危为安。当然话语若是说得不好，情况可能适得其反。赞美的话说不好便有溜须拍马之嫌，场面的话说不好便有不通世故之疑，感谢的话说不好便有忘恩负义之嫌，拒绝的话说不好便有见死不救之嫌。由此可见，将话说好，才能"好风凭借力，送我上青云"。话说不好，便只能感叹"成也说话，败也说话"。建议自然也不例外。

《穿普拉达的女王》让大家认识了那位铁血女主编。瑞瑞的老板就如同那位女主编，她最大的喜好就是骂人，瑞瑞是重点被骂对象。

"进我办公室，快点儿！"

当听到这句话的时候，瑞瑞的脊梁就开始发麻，而且这位老板从来不关门，她要让全世界知道瑞瑞在挨骂。

"看看你昨天做的文件，怎么搞的，连个标点符号都有问题，眼睛长哪里去了？跟你说过多少次了，连我儿子都比你强……"瑞瑞扫了一眼文件，等老板骂完以后，说："对不起，是我的错，是我不小心……"检讨到了末尾，瑞瑞说，"我可不可以跟您说一下，这个标点是个特殊符号，是您上次要求我们做的。"老板一听，摆了摆手，让瑞瑞离开了。

瑞瑞总算结束老板口水的洗礼了，可是为什么她不一开始就说："老板，这个标点不是您上次要求我们这样用的吗？"

要是她真这么说，老板八成会客气地请她另谋高就。

瑞瑞成功地让老板认识到了错误，选择的方法是先做一番自我批评。哲人曾说，站在自己之外，欣赏自己的创伤，那么就能产生一段时间的力量。也就是说，先做自我批评，对方的防卫心理自然而然就淡化了。在建议之前，先做一番自我批评，能减少对方的防备心理，不让对方因为你的建议而产生反弹。

具体要怎么做呢？

先将问题的责任揽到自己的肩上，让对方松懈心防

当你建议对方不要做一件事情的时候，开门见山提出要求，往往容易让对方陷入尴尬的境地。对方脸色阴沉，表情不虞，似乎你的好心好意全被当成了驴肝肺，是不是这个人不识好歹，是专门咬吕洞宾的狗呢？还是你营造出的谈话氛围没有过多的信任和同情呢？这个时候，若是你将问题的责任揽到自己的肩上，然后再说出建议，对方往往会接受。为什么呢？从心理学的角度上说，趋利避害是人的本能，当你主动承认错误的时候，对方就会松了一口气，这个时候的建议就能轻而易举地进入对方的潜意识中去。

金珠是一位知名的服装设计师，因为工作需要会接触很多的社交

名媛，虽然金珠口才不错，但是跟这些见多识广的名媛在一起，也会觉得左右支绌，穷于应付。

有一次参加一个服装发布会，金珠发现几位名媛穿着似乎都不够正式，金珠便去跟这几位名媛说："都是我的错啊，这次的发布会要求穿礼服的，都怪我，忘记通知大家了。"几位名媛相互一看，纷纷歉意地笑了。作为补偿，她们都订购了金珠设计的服装。

想想看，如果金珠直截了当地跟她们说："女孩们，我建议你们在这种庄重的场合穿礼服。"估计那些素养不错的名媛也会一笑，但是是一笑了之。

承担一个假设的不良后果，从而让对方接纳你的建议

心理学中有一个名词，叫作"墨菲定律"，它的主要内容是，事情如果有变坏的可能，不管这种可能性有多小，它总会发生。墨菲定律能解决我们遇到的很多的问题，就好像坏结果是注定的，无论你喜欢不喜欢，该来的一定会来，因为容易犯错误是我们人类与生俱来的弱点之一。我们不妨利用这种心理学定律假设一个最坏的结果，并主动承认这种结果的错误，然后再提出解决这种最坏结果的建议，那么对方接受我们的建议就相对容易一些。

可以说，关于孩子教育的分歧足可以爆发一场家庭规模的战争。婆婆用大人的勺子喂宝宝，儿媳妇就说："妈，别拿大人的勺子喂宝宝，大人的嘴里有许多细菌，会传染给孩子的。"婆婆不以为然："这是我喝汤的勺子，我又没有病，怕啥？！我四个孩子都是这么带

过来的！"婆婆脸上都是不悦，儿媳妇自然不甘示弱："书上就是这么说的，我们应该讲科学！"婆婆扔下勺子："书上说的都对吗？嫌我老婆子脏就明说！"

相似的一幕在对门邻居家也发生过，儿媳妇说："妈妈，听说有一家因为用大人的勺子喂宝宝，宝宝生病了。你看我上次就用了我的勺子喂宝宝，不会有事吧？"婆婆立刻紧张地把自己的勺子拿了出来，很自责地说："我这什么都不知道，我也用我的勺子喂宝宝了，这可怎么办？""妈妈，没事，我们下次注意就好了啊！"

第二个儿媳妇之所以让婆婆从善如流，是因为她假设了一个最坏的结果，并让婆婆看见这个结果，自然婆婆接受建议就容易。

帮助对方承担一些责任，再说建议

心理学中有归因效应之说。什么是归因效应？就是说当出现问题的时候，很多人会先把问题归责于外界或者他人，总是寻找各种各样的理由为自己开脱，而不愿意从自身寻找根源，这是人性固有的弱点，因为人们常常会对自身错误引发的责任产生一种恐惧感。所以，如果你用承担责任来建议，对方就容易接受你的建议。

马上就到圣诞节了，丁保国所在的公司要举行年会了。丁保国决定不参加年会，因为今年的评估分数不是很理想，见到大老板后会很尴尬。

丁保国的顶头上司找到了丁保国，跟他说："今年评估分数不理想，原因在我，我的指导不明让大方向出了问题。你还是去参加年会吧，不管怎么样，都有一个不菲的红包拿啊！"

丁保国的上司就是将工作评估分数不理想的责任归在自己身上，随后建议丁保国参加年会，这让丁保国松了一口气，而后再听有不菲的红包拿，立刻就动心了，甚至是欢天喜地地参加了年会。

巧嘴小课堂

在这个世界上，有不同的人和事，也就有不同的禁忌。我们的建议可能会触犯对方的禁忌。如果先做自我批评，为触犯对方的禁忌道歉了，再建议的话，即便触犯了对方的禁忌又怎样呢？反正我们已经道过歉了啊。

以其矛 **攻其盾**

在人际关系中，如果你想证明对方的观点是矛盾的，不妨用对方的矛攻对方的盾，这样便能让对方观点的矛盾之处自己导出，省却很多力气。

先攻破对方的盾，然后告诉对方这是他的矛

说实在的，自相矛盾，让人一看就能发现漏洞百出，但是如果矛盾出现的时间有很大的一段间隔，那么人们往往会忘却自己的矛盾的样子，如果先攻破对方的盾，然后告诉对方用的是他的矛，那么效果简直是当头棒喝。

李丽失恋后，为伊消得人憔悴，衣带渐宽，谁劝都没有用。姐姐想劝劝她，但是她一言不发。姐姐就开车带着她上了高速，兜来转去，让李丽很惊讶。就在李丽多次看向姐姐的时候，姐姐说："生活就是这样，除死无大事，只要我们还活着，虽然惊险，但是总能渡过难关。就像是立交桥上的车，只要油箱没有彻底空掉，那么再迷路的我们也能找到一个出口，就算是这个出口跟我们预想的有所出入。"

李丽若有所思。

等到两个人的车从高速上下来的时候，李丽说："姐姐，还是你说得对。"李丽姐姐说："哈哈，这可是你当年跟我说的啊！你当年说要安然地接受我们所遇到的每一件事情，毕竟人生不像是炒菜，不是等到我们把每种调料都准备好了才能下锅。"李丽不好意思地笑了。

李丽的姐姐先将李丽的心结打开，然后告诉李丽，打开心结的观点是李丽自己的，李丽自然没有理由不接受劝说。

正话反说，绕个圈子用对方的矛攻击对方的盾

有的时候，你会非常郁闷：明明你在就事论事地劝说对方，没有任何要跟对方对立的想法，但是对方立刻就直接站到你的对立面去。这是为什么呢？因为人的心理大都很敏感，当听见反对意见的时候，自动防御系统就会启动，可能你说的话是对的，但是迎接你的仍然是唇枪舌剑。所以，在表达意见的时候，不如正话反说，绕个圈子用对方的矛攻击对方的盾。

得知电视上吹得包治百病的玖玖理疗裤实际上只是普通的衬裤，老贾气急败坏，因为他就买了一条。老贾愤怒之情溢于言表，几乎逢人便说电视购物是骗人的。

不过这老贾是属耗子的，撂爪就忘，过了一段时间看到电视上播的一次微创小手术能彻底治疗颈椎病的广告时，又心动了。儿子说："立刻去，必须去，马上去，这电视购物都是真的，不去就错过机会

了。"老贾说："电视购物也不见得全是真的,你忘了我那条玖玖理疗裤啦?"儿子笑了,说："合着您还记得您那条玖玖理疗裤?"老贾恍然大悟。

若是儿子一开始就提出否定意见,没准会激起老贾的逆反心理。故意正话反说,激起老贾的好奇心,等到他开始犹豫的时候,再找出他曾经经历的事来点醒他,这样的劝说效果简直如汤沃雪。

幽默的展现对方的自相矛盾之处,让对方在会心一笑中接受意见

有的时候,我们会发现,直来直往的言语尽管是为对方好,可对方就是不买账。这个时候,若是用幽默的糖衣包裹住良药,那么对方就很可能会开开心心地接受。

以前报社曾经想做一个选题,主编言之凿凿地说要展示社会最底层的生活状态,但是等到记者们全部开拔到基层的时候,主编又开始抱怨记者们都去了那里。副主编跟主编说:"主编,你说这天气预报怎么总没准啊!今天明明是艳阳高照,偏偏说有雨!主编,您说这天气预报是不是挺自相矛盾的啊?"主编看到了自己关于这次下到底层去的建议,无奈地笑了。

副主编的聪明之处就是用天气预报打比方,幽默地向主编展示后者也像天气预报一样,风一阵雨一阵。

巧嘴小课堂

　　展示对方的自相矛盾之处，千万记得点到为止，因为自相矛盾被揭发出来，总不是一件让人心情愉快的事情。

对待好胜的人，激将式劝说 **更有效**

　　激将法是一种行之有效的语言艺术，同正面劝导、说服、命令的效果截然不同，是从反面去激励刺激对方，让对方改变现有的状态，自觉自愿转换原来的态度、原有的视角，从而奋起向上。

　　"世锦赛、全运会，两个大赛的单打冠军掩盖了一些问题，从而让他放松了对自己的要求。看他的体形也能很明显看出来：胖了、臃肿了、跑不动了。"乒乓球坛昔日"一哥"王皓的世界排名被马龙取而代之，究其原因，日渐走样的身材是他排名降低的一个重要因素。面对这样的情况，教练刘国梁没有苦口婆心地劝说，而是用了"狠招"，不仅将网上一些网友对王皓的评论打印出来装订成册，还在队内总结会上读给他听。

　　"这么做对他面子上可能是有点儿刺激，毕竟当着全队教练的面把这些东西说出来。"刘国梁说，"我说你再这样下去，别说参加奥运会，连竞争奥运会资格的机会都没有，这才唤醒了他的危机意识。"激将法显然收到了明显的成效。

　　刘国梁采用激将法，用具有刺激性的语言让王皓这个曾经在乒坛上辉煌的人受到冲击，为了保护自己的自尊以及荣誉感，后者肯定会拼命减肥，刘国梁也就达到了目的。

在日常生活中，如何顺利展开自己的激将法呢？

用故意贬低的方式激将

有一种比较常见的激将方式是故意贬低，知道对方具有某种能力，故意冷冷淡淡伴装不信，用这种语言方式刺激对方，从而引起对方的情绪波动和心态变化，主动证明其能力。

李总是一家大超市的老板，超市的效益很好，就萌生了再开分店的想法，他想让现在的经理去打理分店，但是经理的奖金同超市盈利挂钩，怕是不肯去那里重新开辟天地。于是他找到了经理，说："唉，现在都是千金易得，人才难求！"经理忙问为什么，李总说："我要开家分店，但是管理人员现在都没有招齐。现在的管理人员啊，同你一样的居多，能将江山守得固若金汤，但是打江山却不是好手。"经理一听，果真跳起来，愿立军令状去打理分店。

李总不可谓不精明，他明明知道经理的能力却故意贬低，用这种激将法不但激起了下属的好胜心，还增强了他的责任感和紧迫感，激发了他的斗志和勇气。

用比较方法来激将

如果将一项棘手的工作任务布置给一个人，那么你可能遇到的是推诿以及借口；如果你将这一工作任务布置给N个人，并说谁表现好，就将这一证明自己能力的工作交付给谁，那么这项工作任务会立刻变成香饽饽。

同上游厂商交涉一直是这家电器零售连锁公司的重要工作，因为在电器连锁零售行业中，一般采取的都是类金融模式，即先取货，卖出后再付钱。但是因为经济不景气，越来越多的上游厂商为了避免坏账，不再将货物"赊"给零售商。怎么样去跟上游厂商沟通，顺利不给钱拿到货，这一直是一块硬骨头，不仅不好啃，而且没有肉。经理每次交托这项任务的时候，总是得赶鸭子硬上架。这次经理打算换个招式。在会上，经理说："马上就要进行年终考核了，能力越强，责任就越大，我以后会酌情将最艰巨的任务交给能力最强的人的。"此言落毕，几个中层立刻斗志昂扬——谁愿意承认自己是没有能力的人呢？等到经理再抛出同上游厂商联系的工作，居然出现了抢破头的局面。

直接刺激对方来激将

所谓的直接刺激对方来激将，就是面对面地贬低对方，当面锣对面鼓地刺激对方。对于脾气火爆、性情耿直的人，不妨直接告诉他，他不这么做，你看不起他，这一定会让他跳起来的。

某公司改革用人制度，行政总监一职虚位以待，设计部的人一致公推小李，但是小李顾及自己来公司时间尚短、资历太浅，顾虑重重，始终不敢参与竞聘。

　　小李的犹豫急坏了同事，大家苦口婆心地劝了很久，小李还是吞吞吐吐地没有给个痛快的意见。大家无计可施，孰料第二天，小李主动到公司揭榜，参与竞聘，并且在竞聘中有如神助，一举夺魁。大家非常好奇，问小李究竟是怎样改变想法的，小李才将原因和盘托出。原来是他女朋友知道这件事情后，直接骂他："平常看你还是个男人，原来是个窝囊废。"

　　小李听完这句话，气得几乎要跳起来，立刻决定要干出个样子来。

巧嘴小课堂

　　激将法，首先要先知将，要考虑对方的身份，也要注意对方的性格。激将法，有时候需要火上浇油，有时候需要穷追猛打，有时候只需要点到为止，具体情况具体分析。

第七章

说好批评话，用对方最能接受的方式表达不同意见

指正他人的错误有时不可避免，但是，如果你一味地指责他人，或者只顾着照顾你所谓的"正确看法"，这样除了会让对方不满甚至是厌恶以外，你将一无所获。因为没有人喜欢被他人指责。批评他人的关键在于，使用对方可以接受的方式表达意见。这就意味着，你必须要在批评他人的时候格外注意对方的感受与情绪。

"三明治式"的批评让人更容易 **接受**

人非圣贤，孰能无过。在现实生活中，我们难免会遇到犯了错的人，这个时候你会怎么办？有的人倾向于竹筒倒豆子，直来直去。有的人喜欢拐弯说话，兜兜绕绕。不管我们用什么手段对对方进行批评，但是有一点我们都知道，无论我们采取的是什么手段，我们都想要改善对方的行为，指出对方的错误。直来直去的批评虽然未尝不可，但是如果对方感觉自尊受损，那么就会产生抵触心理，这样我们批评的目的不仅没有达到，而且对双方的关系也会造成一定的负面影响。所以，批评别人的时候，最好学学美国的罗斯福总统，请对方吃"三明治"。

顾客就是上帝，这是每个福口居的服务人员上岗培训时被告知的。但是当罗兰检查工作的时候，发现领班小姐面上冷冷冰冰的，于是罗兰对她说："你在客人进门的时候，无论是接待还是讲解，都十分完美，但是如果你在说话的时候能够加上微笑，那么你的亲和力将更强。我相信你会做得很好。"领班立刻意识到自己的不足，接受了罗兰的批评。

罗兰没有生硬地批评员工，采用了"三明治式"的批评方法。什么是"三明治式"的批评方法？就是把批评的内容夹在两个表扬之中，从而使批评者顺利接受批评意见的批评技巧。而我们的"三明治式"批评不单单是表扬夹着批评：第一层是赞美，是表扬的肯定，第二层是批评或者不认同，而第三层便是鼓励、希望以及建议。

先亲切赞美，再进行批评，效果最好

即便是犯了错误的人，也不愿意在大庭广众之下接受批评，因为犯了错误的人的自尊心十分敏感，他们对你即将到来的批评已经开启了心理防卫机制，一旦你的批评超出他们的心理承受限度，那么他们很可能会为自己的错误想方设法予以合理化解释。这么一来，批评不但不能收到预期效果，而且会促使对方更加执着于错误。如果先说一些赞美的话，就可以轻而易举地瓦解他的防御武装，营造出一种轻松柔和的氛围，而后再进行和风细雨的批评，这样就容易使对方乐于接受批评。

谢意和蒙蒙在同一家公司工作，这家公司三令五申禁止办公室恋情，但是爱情就像是流行感冒一样，说来就来了，谁也阻拦不了。谢意和蒙蒙两人在如此禁令下暗度陈仓。总经理心知肚明，想要提出批评，但是有些犹豫，因为谢意是业务尖子，蒙蒙也是能力一流。

经过一番思考以后，总经理找两人一块儿吃饭，跟他们说："恭喜两位啊，我早先就说办公室你们两个人最相配，金童玉女，两个人都是业务一流，果然不出我所料。"谢意和蒙蒙顿时觉得很轻松。气氛活跃起来后，总经理又语重心长地说："咱们单位待遇还算不错，

现在金融危机还没有过去，找个这样的工作实在不是很容易，要是你们两位能够克制一些，那是再好不过。"

一番话，说得谢意和蒙蒙幡然醒悟。

先说对方的价值所在，再说对方的不足之处

人为什么排斥批评？自尊只是一个方面，另外一个方面在于人对自己错误造成的后果担忧，直来直去的批评让人感到一种巨大的心理压力，不知道自己要为错误付出多大的代价。而"三明治式"的批评能给被批评者以希望，让其能够振作精神，重新上路。

"三明治式"批评法的另外一个优点在于不仅不伤害被批评者的感情，不损坏对方的自尊心，还能激发人向上的积极性。

大刘是个好员工，但是他有个毛病总是克服不了，那就是迟到。

这天他又迟到了，正好被经理撞见了。经理笑呵呵地说："大刘，你前几天设计的方案获得大家的一致好评。"大刘也很高兴自己的劳动成果被认同，又听经理说，"你可是咱们公司的业务骨干，是不是最近有什么事情啊？要不然你不会这么频繁地迟到啊！迟到按单位的规定是要给点儿惩罚的，你说对不？要是实在有什么困难，可要跟我说啊，我们大家都可以帮助你的。"大刘以后再也没有迟到过，不仅没再迟到，而且成为经理手下的一员干将。

巧嘴小课堂

即便是"三明治式"的批评法，也要立足客观现实，毕竟错误就是错误，不能用含糊的语言一带而过。相反，要客观具体，就事论事，开诚布公地进行沟通。

批评后记得给出正确的 **建议**

在人际关系中，有两种沟通的话术非常重要：第一种，就是恰如其分的赞美；另外一种，就是指出对方的错误，也就是批评。

赞美得好，能令我们在人际关系中如鱼得水；批评得好，可以带动他人不断进步。

在诸多的批评技巧中，批评后给出正确的建议是非常有效的一种。

上海某公司的打卡制度非常严格，迟到三次扣500元，迟到5次以上扣除当月奖金。可上有政策，下有对策，同事们守望相助，代打卡的情况屡禁不绝。

有一回，这种现象被经理撞见了。

"你们这是什么行为？公司是希望用打卡的行为来规范制度，你们代打卡置我们的制度于何处？如果再出现代打卡的情况，不管是谁，一律开除！"

经理气得脸红脖子粗，可是被批评的人并不怎么服气。这个时候人事经理说话了："这样，大家都消消气。上海的地铁有的时候会晚点，这我也理解，毕竟我也常坐地铁。地铁公司不是准备了'致歉信'了吗？下次如果你们拿着'致歉信'来，迟到15分钟以内都没有关系。何必代打卡呢？这不就是不诚信的行为了吗？咱们经理生气的是大家不诚信，诚信是咱们公司的底线，可不是能轻易触碰的。"

人事经理的话让场面平和下来。

从管理者的角度出发，严格打卡无可厚非，可是从员工的角度出发，偶尔迟到也是人之常情。大声批评，并不能达到管理的最佳效果，给出改进方向，才能让员工"心服口服"。

具体该怎么做呢？

周银州所在的公司要求网络编辑都要参与直播，读一些比较长的外文文章，周银州也在其列。周银州的特点是声音很清亮，发音很标准，但是他无法做到脱稿，必须手拿稿件来读。这样，他就得不断地低头，影响了直播效果。

主管找到他说："小周，大家都说你直播是五个'最'！"

周银州："什么？"

主管："声音最清亮，发音最标准，好评最多，最佳上镜……"

周银州："谢谢，谢谢，我会继续努力！"

主管："还有低头最勤！不过我想出办法了，下次你直播的时候，让其他同事帮你在边上举一下'提词器'。很多大明星片场都需要人提词，你可是早早地向大明星靠拢了。"

周银州（不好意思地）："哪用这么麻烦，我下次提前背一遍稿子就好啦。"

主管批评了周银州，但是周银州完全不生气，因为主管的批评夹在赞美里，没有丝毫攻击性。

除了上面说的方法以外，还有一种方法。

所谓当局者迷，旁观者清，我们指出对方的错误，对方很可能不买账。这个时候，我们可以做一个"马后炮"。避开风头，等到他的头脑开始清楚时，再把问题解释清楚，并协助他解决问题，就能达到构建良好人际关系的目的。

席传章的经理要求这个月的销售额必须达到27万元，但是时值销售淡季，27万元的绩效简直是痴人说梦。但是经理在例会上下命令时，席传章并没有反驳。

等到过了几天，销售额依然没有起色的时候，他才找到经理，一脸的苦相："经理，您看夏总是咱们的老客户了，今年非说他们的生产受宏观政策调整，一直在收缩中，今年就不订了。"

经理跟着叹气："这也是没办法的事，政策调整，也属于不可抗力。"

席传章附和道："是呀，往年都是金九银十，现在就9月末了，销售额上不去。一想到您要求这个月的销售额达到27万元，愁得我连饭都吃不下。

"经理您的军令状一下，大家压力都很大，我们组好几个员工都说如果这个月完不成销售额干脆辞职得了。您看这样好不好，我们还是一如既往地努力，就是您能不能把销售额定得低一点儿？"

经理拍了拍他的肩膀说："尽力而为吧！"

经理下命令的目的是激励众人，必须确保令出必行的权威，如果席传章在例会上就提出反对意见，那么经理肯定难以接受。席传章没有选择对着干，而是选择私下里告知经理行情不好是大环境的原因，再强调如果计划的销售额不适当降低的话可能会出现的负面后果，促使经理接受了他的建议。这样的"马后炮式"批评法规避了风险，收到了成效。

巧嘴小课堂

常用批评后给出建议的方式有：

"你做得不错，只是在××方面做得还有点儿欠缺，如果能在××处加以改进就更好了。"

"我觉得你这么做××事，可能效果会更好。"

"就这件事我们可以讨论一下，以后如何做才能避免这种问题的发生。"

对症下药的批评让人 **感激你**

当批评别人的不正确行为时，一定要对症下药。

审计局的李强前一个月办案件的时候，少了一道程序，差点儿被人投诉，幸亏局长发现得及时，挽救得及时，才没有造成重大的失误。本来李强在心中很感谢局长，可是局长接下来的表现让李强差点儿抓狂。局长简直是揪着李强的小辫子不放了，动不动就提到这件事情，简直是不分时间、不分场合地提这件事，而后给李强提出严重的批评，丝毫不肯给李强留面子，李强心中很委屈："我不就是犯了点儿小错误吗？"

列夫·托尔斯泰说过，人的心灵一半是天使，一半是魔鬼。意思是人生在于自我控制，因为放出天使你就是天使，放出魔鬼你就是魔鬼。局长的行为估计将李强心中的魔鬼放出来了，为什么？因为局长对李强的批评没有做到对症下药。

如何对症下药地批评他人呢？

我们都知道批评是一门艺术，并非是几句话就可以了事的。在做出批评之前，我们应该要明确，这件事情发生的时间、地点、原因，要有根有据而不是道听途说地批评对方，更要就事论事，是什么问题就谈什么问题，干净利索，切勿借题发挥、举一反三，以免节外生枝。我们在批评的时候往往很喜欢"联想"，这样做只会加大解决问题的难度。

新兵难带，这是王连长的一个最深刻的体会。从内务到出操，没有一件事情是不操心的，其中要是有一个两个的"生瓜蛋子"，那简直是一件再闹心不过的事情。王连长所带领的队伍中，就有一个这样的"生瓜蛋子"，于是王连长的口头禅也就变成了"怎么老是你"，说来也奇怪，越是批评他，他越不长进，早先出操还算不错，现在出操也不行了。

在新兵听来，虽然"怎么又是你"听起来是简单的批评，但是也让他泄气不已。要知道他入伍的时间并不长，对部队情况熟悉和了解需要一个过程，来到陌生的军营，他渴望得到理解和信任，因此对连长的话分外敏感。就算是他完成的比昨天要好多了，但是也会换来连长的一句"怎么又是你"，这让他气馁不已。由此可以看出，在人际沟通中，就事论事是一个很重要的技术问题，这门技术掌握的好坏在很大程度上决定了我们与对方的关系。在批评对方的时候，一定要就事论事，我们应该设身处地地想一下，每个人遇到问题的时候都不喜欢别人翻老账，同样，对方犯错误的时候，也不希望我们"想太多"。

另外，从辩证思维来看，凡事都是有因果关系的，有因就有果，不会无缘无故出现。既然有了因果关系，那就要从实际出发，认真分析解决问题。

在批评之前，若是能弄清楚前因后果，那么对方会更容易接受批评。

巧嘴小课堂

指出别人不足时态度要诚恳，依据对方的性格特点采取适当的方式提出，考虑到别人的感受；指出别人错误时，应首先想想自己在这方面做到了没有，做得好不好，当自己没有做到或没有做好时，也应对自己严要求，二人共同进步；批评要建立在善意的基础上，要有益于他人，有益于集体；批评别人要有根据，不能胡乱批评；批评别人之前要反思自己，自己有问题则与他人共同反思，共同改正。但不是说自己有问题就不可以批评别人，批评别人之前要有准备，尽量语言委婉，要考虑到别人可能会不接受、不耐烦等，自己不能发怒。

批评做错的事，但不贬低 **做事的人**

　　心理学中有个名词，叫作"厚脸皮暗示"，什么叫作厚脸皮暗示呢？就是说，人由于后天长期得不到别人的尊重，久而久之，其羞耻感就会逐渐降低，变得对别人的不尊重习以为常。厚脸皮暗示通常通过批评发挥作用。古语有云："知耻而后勇。"人若是知道羞耻而后自尊自爱，批评完全可以变成一个人奋进的理由，但是一个人如果长期生活在不被尊重的环境下，厚脸皮暗示就会发挥作用。久而久之，人变得麻木不堪，对事物的感知处于麻木状态，就会丧失进取心，很难再有任何的作为。

　　其实每个人都不是尽善尽美的，所以我们可以批评对方，但是出发点是帮助对方改正缺点，而不是去进行侮辱，赤裸裸地对人进行人身攻击。否则只有两种后果：第一种，厚脸皮暗示发挥作用，对方自暴自弃，改正缺点与否在他看来没有任何意义；第二种，对方变得有抗拒心理，越错越多。批评本身就是想要让对方改正错误，如果对事又对人，我们的批评则完全丧失了本初的意义。那么应该如何只批评做错的事，而不是去贬低做错事的人呢？

对事不对人

对事不对人强调以"事"为中心，这样做能最大程度忽略"人"，而专注于"事"，降低我们批评的杀伤力。事实上，你我心知肚明，事情都是人做的，人才是事情的主体，对事还是要同人结合起来的。但是我们要强调事情，这样就能让我们的批评意见客观。在批评对方的时候，尽量重心倾斜在应该"怎样做"这个客观问题上。

2004年的时候，米卢与洪都拉斯足协的聘用协议期满。深谙足球之道的米卢把是否继续签约的"球"掌握在自己手中。当年洪都拉斯队4比0大胜荷属安的列斯队，取得世界杯中北美和加勒比区预选赛的第二场胜利，并获得下一阶段比赛的参赛资格。尽管米卢获得了签约的主动权，但是却迟迟不肯表态，为什么呢?因为"批评"，自米卢出任洪都拉斯国家队主教练以来，这支"米家军"总共进行过10场热身赛，结果是5负、4平、1胜。这一战绩与洪都拉斯球迷和媒体的预期落差巨大，导致对米卢的批评与日俱增。为了使这些批评不致影响国家队备战世界杯预选赛，米卢不得不远走高飞，把国家队带出洪都拉斯，到迈阿密进行训练。洪都拉斯《新闻报》在一篇采访米卢的报道中说，米卢对于是否与洪都拉斯足协续约还没有做出最后决定。受到伤害的米卢还在犹豫，这是可以理解的。因为"米卢不是因批评而受到伤害，而是因为一些洪都拉斯记者和教练对他人格的侮辱和侵犯而受到伤害"。

批评和侮辱有着很大的区别。批评是就事论事，与人格没有关系，是对"特定的人在特定的时间做出的特定的事情"的不赞同。即便这种不赞同发生过多次，批评也只能是批评"特定的人在多个特定的时间做出相同特定的事情"。而侮辱，是对人贬低的评价，也许与事件有关，也许与事件无关，只是我们的主观认识，实际上与事实并不一定一致。

态度客观公正，批评要理性不要感性

客观是指不带任何偏见，以事实为本源。不客观的批评会怎样呢？麦尔文·曼切尔举例说："一个记者在描写他所厌恶的官员时，可能会写道，'哈里逊·格尔德，一个野心勃勃的年轻政客，今天说……'，或者，一个记者在描写他所钦佩的官员时，可能会写道，'格拉德·西威尔，这个精干的年轻的州管理者，今天说……'"。这样的不客观，本身就带有强烈的导向色彩。在批评人的时候，一定要尽量保持客观、公正的立场。

高群书最近活得有点儿拧巴，一部《西风烈》把他拱到了风口浪尖上，无论是业内人士还是媒体，对《西风烈》口碑严重两极分化，爱的是刻骨铭心，遗憾的是，恨的也是。在回归质疑的过程中，高群书无比郁闷，因为他被问到的更多的是"为什么杀手比警察强大"等诸如此类的问题。高群书觉得这些问题肤浅得让自己无语。这部片子在第一轮放映后，口碑超好，但是几场影评人和媒体场后开始有山寨好莱坞之类的负面口碑，甚至有人说开始的时候口碑好，那是因为参加放映的是"亲友场"。高群书表示，电影首先要好看，中国电影连这个问题都还没有解决好的时候就谈到了珠穆朗玛峰，这个太荒诞了。高群书说，他欢迎批评，但是"请客观而且言之有理"，"不能一顿闷棍子毁了一个导演"。

批评和侮辱有什么分别？答案很简单，侮辱带有恶意的性质，是对他人人格和尊严的挑衅。批评侧重于教，经常夹杂着浓重的感情色彩。所以，我们批评别人是在帮助别人成长，不管对方领情不领情，最起码出发点是好的。

> ## 巧嘴小课堂
>
> 俗话说，你敬我一尺，我敬你一丈，获取尊重和尊重他人互为前提。如果将别人的尊重当作一棵植物的话，那么尊重根植于人心，以尊重他人为藤，以热忱诚恳为花，以获得尊重为果。

人前少说批评话，否则容易激化 **矛盾**

英国学者帕金森曾经说过："即使在私下，不破坏和谐融洽气氛与亲密合作的批评都是很难做到的。"大概批评是件吃力不讨好的事情，因此很多话术都强调，话术的金科玉律是"不批评、不指责"。知易行难，更何况，在工作和生活中批评在所难免。

然而，生活中有这样一类人，即使他们批评别人，别人也甘之如饴。究其原因，在于他们批评的方式。由于他们掌握了批评的技巧，在批评他人时巧妙恰当，不仅能达到批评的目的，还能让人乐于接受。

刘雪莹刚跳槽到这家公司，不久便发现这家工资待遇不错的公司经常发生人才大规模流失的情况。

很快，她就知道了原因。这次她负责的项目出现了问题，合作的甲方临时违约。尽管她已经尽自己最大的努力来弥补损失，但是公司的投资还是打了水漂。

平时温文尔雅的老板暴跳如雷，指着刘雪莹部门的人骂："你们要这么干，赶紧给我滚蛋！一个项目，赔进去100多万，你们是猪吗？一天一天地混日子，我是做企业，不是做慈善。如果你们等着我做慈善，赶紧滚出去要饭！"

包括刘雪莹在内的整个部门全部都被骂傻了，个个噤若寒蝉，鸦雀无声。好不容易挨到会议结束，刘雪莹部门有7个人递交了辞呈。

用尖锐的语言、傲慢的态度批评别人，会迅速激起别人的心理自我保护机制，这个时候的批评只会恶化人际关系，丝毫达不到批评的目的。

在批评他人的时候，如果不是形势所迫，最好不要选择直接批评的方式。人前少说批评话能帮你有效达到批评的目的，同时不损害跟被批评者的关系。

那么私下批评有哪些技巧呢?

批评要留"皮"

人活一口气，树活一张皮。千万别以为私下批评就可以肆无忌惮，在任何场合批评他人，都要记得给对方留有尊严。

冯丽参加演讲比赛，题目是《互联网时代下，谁才是真正的英雄》。冯丽在演讲中提到了360的创始人周鸿祎。不知道是因为紧张，还是其他原因，她在演讲中将"祎"读成了"伟"，台下哄堂大笑。

当时带团领导并没有批评她，等到回到单位，带团领导严肃地对她说："以后这种低级错误不要犯，我当时就觉得丢人，恨不能大喊一声你不是我们单位的。"

冯丽在演讲当场出了笑话都没有哭，让领导一说反而哭了。

虽然领导选择私下批评，可是私下批评的内容同样尖锐。批评可以，但是要为对方保留自尊，这是前提。

批评莫"挖坟"

好的批评，理应是一坛美酒，入口辛辣，却后味无穷。坏的批评，便是一坛劣酒，闻之作呕，入口酸臭。而最臭不可闻的批评，非"挖坟"莫属。

何谓"挖坟"？一事做错必连带其他事情，陈年旧事，反复提及，丝毫不顾及被批评者的心情。这样的批评，不仅达不到预期效果，还让被批评者心生怨愤。

丈夫受邀饮酒，大醉方归。回家呕吐不止，满厅狼藉。

妻子喋喋不休："就知道喝酒！喝成胃出血你就老实了！你说你吧，除了喝酒还能干什么？没有酒量还喝，喝完就吐……"

丈夫开始反击："我就喝这一回，怎么就招了你这么多话？"

妻子勃然大怒："怎么就这一回，你上个月发奖金那天，我问问你，喝了没？上上个月我妈过生日那天，喝了没？我问你，喝了没……"

丈夫气得青筋暴起："我喝不喝酒关你什么事？"

就此，家庭大战爆发。

妻子的话本非恶意，她原意是让丈夫远离酒精，拥抱健康。可是呢，她非要选择这种批评方式，让丈夫不仅没有领会到好意，反而对她深恶痛绝。

批评最好就是就事论事，如果非要翻旧账，那么批评者就丧失了客观的立场。此时的批评，更像是一种攻击，切忌这么做。

批评要"提速"

人后批评，如同打了麻药的手术，但是麻药的分量需要掂量好。全麻虽好，就怕副作用大——对方感受不到你是在批评，依然故我怎么办？

人后批评得提速，这也是人后批评之所以有效的一个重要因素。这样的话，对方也会诚恳地接受批评而不会有太大的压力，并且对行为改善非常有效。

牟宇翻译德语文件的时候，把一个关键的单词翻译错了。幸亏主管曾经留学德国，审读时及时发现了这个错误，予以改正。但是主管并没有马上找到牟宇告知他，而是过去半个多月了，两人闲谈的时候主管才提到这件事。牟宇差点儿翻了个白眼，嘴里没说什么，心里却老大不以为然。

主管觉得自己顾及了牟宇的面子，牟宇就要虚心接受自己的批评。但是过了时效性的批评，就像是过了保质期三年的药，不仅没有药效，副作用还不小。

巧嘴小课堂

人后批评也是批评，想要降低人们的心理防御，可以做成蜜丸：

批评加表扬式：你做得真不错，如果没有×××处，堪称完美。

批评加鼓励式：你这次做××有失误，相信你下次会做得更好。

批评加关心式：你这次做××状态不好，是不是出了什么问题？

批评时不要 **旧事重提**

一青年找禅师解惑，禅师三言两语，青年茅塞顿开。禅师接着滔滔不绝，青年如坠云里雾里。直到青年昏昏欲睡之时，禅师依然口若悬河，青年满心厌烦，起身离去。这种因刺激过多，或者作用时间过久而引起的腻烦反应，就是超限效应。

批评的时候尽量少做引发超限效应的事情，旧事重提，绝对是让批评变味的催化剂。

遗憾的是，很多人不明白这一点，在批评他人的时候，为了佐证自己的"正确"，往往将陈年旧事提了又提。这样的批评只会让被批评者恼羞成怒，最终导致双方不欢而散。

某连队有一个新兵因为家中有亲人生病，私自外出受到了警告处分，班长把他领回来的时候，训他："没组织，没纪律，看你的样子，哪里像个兵！"

没过两天，连队组织内务突击检查。一个班级，只有一个人内务不达标。一看，这不是上次私自外出的那个新兵吗？班长火了："怎么着？上次私自外出，这回内务不合格，你还好意思穿这身衣裳？"

结果一直低头听训的新兵爆发了："上次是上次，这回是这回，根本不是一码子事！"

为什么新兵态度会出现反弹？因为班长在批评他时"翻旧账"。

过去的错误只代表过去，时过境迁后你再提及，只会让对方认为你的批评不客观，你在戴有色眼镜看人；严重者会认为你有意责难，跟你爆发直接冲突。

就事论事

不要旧事重提，就事论事是批评的绝佳方式，尤其对于那些自尊心强的人而言，更为重要。

某公司盛行"会文化"，从周一到周五，几乎每天都有会。技术骨干王博士认为开会属于浪费时间，所以经常不参加，就算是参加了，也拖拖拉拉老迟到。

这回开会，王博士又迟到了。老板看了看王博士，说："最近开会老是出现迟到现象，虽然人数不多，但是迟到毕竟浪费大家时间。希望大家下次注意，杜绝迟到。"

这种方法，当时就把人批评了，但是就事论事，加之语气委婉，既批评了王博士的迟到，又不至于让他难堪。

就事论事的批评在释放一个信号："我在批评你，但是我是善意的。"

177

欲扬先抑

有的时候，不是批评者总是旧事重提，而是被批评者始终有心理包袱，面对这样的情况，我们不妨"以毒攻毒"，先提历史再讲现在，用欲扬先抑的方式让对方欣然接受批评。

速录师小张最近工作频频失误，月初在录入重要谈话信息时忽略了一个关键点，当时就被领导严厉地批评了一顿。随后，小张的录入总不在状态。这不，又犯错了。

进了领导办公室，小张低着头等候暴风雨的来临。

领导也不客气："上次录入错了一个关键点，对吧？"

"对，是我工作的失误。"

"的确是你工作的失误，不过呢，这次比上次有所提升，只漏掉了×总的谈话。其实漏掉了也没事，毕竟×总出了名的爱说车轱辘话。"

小张一听，几乎要跟着点头，心情也轻松下来。

"好了，没事了，下次一定要注意。别的老总发言，千万别漏掉。"

"知道了，谢谢您。"

小张的谢意绝对出自真心，她上次工作失误之后，心理有负担。这次又出了错，以为难免会遭受一阵狂风暴雨，却没有想到迎接她的是和风细雨，让她压力顿消。

巧用暗示

旧事重提，往往令人无地自容，不仅无法达到让别人改正错误的目的，还大大地妨碍了人际关系，严重时甚至会毁掉一个人。其实巧妙利用暗示，不仅能让对方意识到自己的错误，同时还理解了我们善意批评的意图。

妻子出差后归家，发现家里十分脏乱，面对忐忑的丈夫，她笑容满面地说："重新回归单身汉日子，感觉怎么样？"

妻子很委婉地批评丈夫不注意卫生，但是她的话语中根本听不到责难的词句，听起来完全是夫妻间的一句调侃。其实她暗示了一点，"你单身的时候就很邋遢，我不在家，就故态复萌了！"

这种暗示性的批评非常神奇，能间接地让被批评者去面对自己的错误，不心生抵触。

> ### 巧嘴小课堂
>
> 在批评的时候，尽量不要出现下列语句：
> "你上次做××就失败了，现在做这个又失败了！"
> "怎么老是你！"
> "你就是不行，上次……上上次……"

用鼓励代替批评，谁都会 **感激你**

去海洋公园看海狮表演，当海狮完美地表演了一个节目后，驯兽师会微笑着去抚摸它，给它食物，并不断地夸奖它。

这不是什么新鲜事，但是却对我们有很大的启示。为什么驯兽师放弃了皮鞭和呵斥，选择了赞美和食物呢？因为后者能让海狮不抵触，并不断地进步。

同样，当我们希望通过自己的言语改变一个人的行为时，用鼓励代替批评，其效果会立竿见影。

为什么？因为每个人都由衷地渴望他人的赏识和赞同，并愿意为了这份赏识和赞同而不断地努力。

千亿达公司销售部部长是一位"铁娘子"，她带领着手下一帮干将能在整个市场低迷的情况下杀出一条路来。她的手下个个都能独当一面，而且凝聚力极强。

外人钦佩她的领导能力，就向她请教领导秘诀。她说："我没有什么秘诀，如果非要说有，也许是我从来不吝啬去鼓励他们。"

就拿她的新助来说，虽然名校毕业，但是做事懒散、不细心，资料不整理、不分类就往她桌子上一堆。

这个时候，她就对助理说："你能帮我把资料整理好吗？按照你理解的分类。"

女助理有点儿不好意思，把资料按照工作的难易程度进行分类，并细心地按照日期进行排序。

这个时候，她又对助理说："你真的很有潜力，我的所有助手中，只有你仅用了一天时间就能做得这么好。"

女助理做事慢慢成熟起来。

试想一下，如果她电闪雷鸣地批评一通，也许女助理也会成长起来，但是这种成长伴随着"成长痛"，很难对她或者说对团队形成向心力。

如果说批评是一味苦药，那么鼓励就是甘草，同样具有药效，但是滋味却好——被批评者会乐于接受批评，进而改正克服错误和不足。

渐进式鼓励

心理学中有个名词叫"阿伦森效应"，指的是人们往往喜欢那些递增给予自己鼓励、赞扬的人。

因此，鼓励对方，以渐进式鼓励为佳。也就是说，将鼓励对方的过程变成一个大目标，将大目标进行拆分，每一个阶段都有一个小目标。这样，不仅能让对方明确其前进方向，同时对我们的好感也是节节递增。

范安泰参加工作第一天，主管领导就拍着他的肩膀说："小伙子，不错，名牌大学毕业，成绩这么亮眼，前途无量。现在交给你的工作比较简单，但这些都是基础，通过这些基础才能熟悉咱们单位的各种业务。你先熟悉着，过一段时间给你安排新工作。"

这样的鼓励能让人心生期待。过一段时间，主管领导肯定会准备新的鼓励，这种持续渐进的鼓励能最大限度地催生人的能力。

合适的方式

有人希望鼓励是糖，这样生活会充满甜蜜和希望；有人却希望鼓励是药，这样才有前进的动力……面对不同的人，鼓励不能一成不变。如果你死守着以不变应万变，那么被鼓励的人就容易"变心"。

某单位新招了一批实习生，入职当天，大领导亲自来迎接。他对第一位实习生说："我也曾是实习生，通过自己不断地努力，终于成了今天的我。我行，你也可以！"第一位实习生备受鼓舞。结果他对第二位实习生、第三位实习生……都这么说。实习生们从最开始的激动降温到平静。

大领导想省事，却费了事。哪怕是将实习生们分开，再重复同样的说辞也好呀。

所以，找到合适的方式鼓励别人很重要。对于一腔热血满身干劲的人，就用愿景来鼓励他；对于随遇而安的人，就用岁月静好来鼓励他。只有适当的鼓励才能刺激别人的行动，达到用我们的嘴说动别人的腿的效果。

找到闪光点

相比较批评，很少有人愿意为鼓励绞尽脑汁。毕竟鼓励的话是正面的，对人际关系没有伤害。可是，我们想要达到的是目的最大化，这样一来泛泛的鼓励作用就不大了。最好是找到对方的闪光点，针对这个闪光点进行鼓励，这样的鼓励等同量身定做，能更好地收到效果。

为了便于大家理解，我们来看一下一般的鼓励和找到闪光点的鼓励有什么区别：

某员工提交的方案很好。

第一种鼓励：你这个方案不错嘛，继续努力！（一般的鼓励）

第二种鼓励：××，你这个方案有中心，有论证，资料翔实，版面做得也漂亮，一看就花了不少心思，非常好。（找到闪光点的鼓励）

孰优孰劣，一目了然。建议大家在鼓励他人时，尽量挖掘对方的闪光点。

巧嘴小课堂

在鼓励他人时，最好做到：

鼓励对方的行为。例：你在××事上做得很好，如果你以后也做得这么好，那么你肯定会成功。

鼓励对方的努力。例：××事情虽然没有成功，但是你在工作期间的付出和汗水有目共睹。

第八章

说好妥协话，在让步中避开针锋相对

观点不一致、做法不相同时，一味地坚持自己的立场，难免会让矛盾白热化。很多时候，不一致根本无关对错与原则。在这种情况下，只有恰当妥协才能推动事情向前进展。妥协的话如何说，才能既不委屈自己又不贬低他人？这就需要你在交流中掌握一定的"让步"技巧。

懂得认输的人才是人生的**赢家**

世人将输赢看得很重。赢了的人，沾沾自喜，输了的人，闷闷不乐，此乃人之常情。正是因为这样，所以在输赢上，大家都分外看重。

又一次看《动物世界》，有一个场面让我记忆犹新，一只鬣狗在转角牛羚和瞪羚觅食的时候，鬼鬼祟祟地走来走去。如果换作外表威猛、身体剽悍的狮子和猎豹，这些食草动物们早已吓得闻风而逃了。但鬣狗其貌不扬的样子实在难以引起它们的重视和注意，更让它们不屑的是，这只鬣狗低着脑袋，夹着尾巴，紧缩着身体，步履缓慢，形象猥琐，摆出一副可怜兮兮、俯首帖耳的样子。这些身体健壮、奔跑跳跃力出色的牛羚猛地冲过去，这只鬣狗立刻低下头表示认输。正在对方洋洋得意的时候，它突然面露狰狞之色，一个加速跳起咬住牛羚的后腿。强壮的牛羚不甘心束手就擒，拼命挣扎，但鬣狗强有力的脖颈使它具有像老虎钳一样的咬合力，牛羚做梦也想不到，鬣狗有如此巨大的力量。不一会儿，这只牛羚已奄奄一息。几天后，这只鬣狗又故技重施，成功捕获了一只瞪羚。

动物尚且知道，认输能让它顺利地生存下去，在日常生活中，我们也要学习认输的学问。失败是成功之母。所以，在成功之前，我们要坦然面对失败，学会怎么认输。人际关系也是如此，要是不学会认输，就会陷入一个恶性竞争的泥淖中。这样，对你构建良好的人际关系是百害而无一利的。学会认输，从哪里开始呢？

没有意义的争执，立刻认输

什么是认输？认输就是掉进水坑的时候，知道及时地爬上来，并且远离这个水坑；就是被狗咬了一口的时候，不去下决心咬狗一口，而是赶快离开它；就是上错了公共汽车的时候，及时下车……

正楷这个人，什么都好，就是爱较真。老总让他注意点儿公司内的纪律，他倒好，大到某人用公司的电话给家里打电话，小到多用公司的厕纸，全部一一汇报，这让心直口快的小李十分不满。小李就说："我说，这公司又不是你的，至于吗？一卷厕纸，你还要打报告？"正楷正色说："怎么不重要……"（此处省却1000多字的批评）小李无奈地说："你说得对，行了吧？"正楷才作罢。

如果小李继续说下去，肯定少不了唇枪舌剑、你来我往，两人都是血气方刚的年纪，会不会大打出手？小李的话会不会添油加醋地传到老总的耳朵中去？小李为什么要在这种争论中认输？因为这种争论毫无意义，即便是作为局外人的你我，也无法中肯地给出一卷厕纸和公司的具体关系。这时候"甘拜下风"不失为一种良策，避免卷入人际关系的是非。

如果知道结局，那就早点儿认输

如果知道结局，那就早点儿认输。就如当你打牌的时候，一手的坏牌，那么你完全可以歇口气，下回再来。认输一次没什么，千万不要手上捏着一把臭得不能再臭的牌，却舍不得丢掉。

利达喜欢看王小波的《一只特立独行的猪》。

利达也是一个特立独行的人，他的特立独行表现在很喜欢跟领导抬杠。领导布置任务，利达总是挑肥拣瘦；领导说的话，利达总能找到话题来反驳。不过利达本身业务能力不错，领导为了维护自己求贤若渴的美名，不同他计较。

这次的策划方案，领导十分看重，利达却说："这个策划方案不可能成功，无论是策划，还是构思都十分差劲。"领导不乐意了："怎么就你问题多？"利达依旧不妥协，一个一个地说漏洞，说得领导脸上越来越挂不住。

后来，领导看重的策划方案成功了，就让利达寻找适合他的"奶酪"去了。

利达明知道自己手里的牌没有赢的机会，却坚持自己特立独行的原则，始终不肯认输一次，示弱一次，这样的选择是对是错、是好是坏，就让历史去总结吧。

巧嘴小课堂

认输之后，重要的是尽快清除失败带来的消极影响。就像是行路之人一不小心摔倒了，摔倒就是摔倒了，没什么，重要的是赶紧站起来，不要坐在地上强调自己会走路，或是埋怨路不平。

针锋相对的结果只能是**两败俱伤**

无论朋友还是爱人，不管是同事还是上下级，相处久了，难免会有意见相左的时候。这本是难以避免的小插曲，如果把握好相处的分寸，不会对我们的人际关系造成损害，甚至可以将其变成一种有效沟通的手段。

但是，当冲突出现时选择针锋相对，这很容易导致两败俱伤的局面。

钟礼阳受聘于某家司考培训机构，他主要负责讲解《民法总则》。大家都知道，司考中知识点覆盖面广，又比较零散，因此钟礼阳在讲课的时候总喜欢讲一些有趣的案例，将知识点串起来讲。

学生们喜欢妙趣横生的案例，又生动，又能记牢知识点。可是培训机构的主管人员听了一节课后觉得，上课就应该反复加深知识点。于是，他要求钟礼阳必须严格按照大纲讲述相关知识点，别在课堂上"东拉西扯"。

钟礼阳不乐意了："学生们爱听，怎么就是'东拉西扯'了？"

主管也急了："学生们还爱听黄段子呢，你也讲？"

钟礼阳："你怎么说话呢？我讲的是案例，而且我讲的里面有知识点！"

主管："你说是案例就是案例了？在我听来就是'东拉西扯'。学校请你来是为了给学校带来效益的，不是让你侃大山来了。"

钟礼阳愤怒得不行："让学生在欢乐中学到知识怎么就成侃大山了？学生爱听，成绩提高，不正是学校的效益所在吗？"

主管："我不听你这套，在这里就得按我说的讲。你只有两个选择：听我的，留下继续教；不听我的，请另谋高就。"

于是，气不过的钟礼阳辞职了。

钟礼阳错了吗？没有错，把课上得妙趣横生能有错吗？可主管错了吗？按部就班地传授知识点，观点也正确。可为什么会产生这样的结果？就因为两个人在沟通的时候，太过针锋相对了。

如果两个人中有一个能冷静下来，可能结果就不会是这样——钟礼阳失去一份高薪工作，培训机构失去一位好老师。可是人都是这样，容易固执己见。这种针锋相对，就像是不肯结束一场未分胜负的辩论赛，结局只能是两败俱伤。

在这里多说一句，日常工作生活中，尤其是和上级、领导、老板沟通的时候，对方可能认为自己是"家长"，总是要求你听从他。而你呢，又认为自己有表达意见的权利，甚至不在乎用对抗的方式来坚持原则。如此一来，沟通起来必然会发生冲突。

如何在沟通中避免针锋相对的状况发生呢？

第一招，避其锋芒

当对方意识到你并不赞同他的意见时，他的心理保护机制就开始

191

发挥作用了。他会想方设法让你赞同他。这个时候你只要避其锋芒，等到他冷静下来，再心平气和地同他讲道理。

周日，女孩想出去逛街，但男孩却沉迷游戏，对女孩的提议置若罔闻。

女孩终于爆发了："你天天打游戏，都不陪我！"

"我哪有天天打游戏？就周末一天，放松一下。"

女孩提高了音量："怎么不是？难道你昨天没玩？"

男孩见势不妙，立刻低头认错："对不起，是我忽视你了，别生气了好吗？"

女孩得到了抚慰，反过来跟男孩说："不过那个游戏的确是挺好玩的。"

男孩并不是在"认输""认错""屈服"，而是避其锋芒、"曲线救国"。毕竟人这种动物，将自尊看得无比重要，当他们认为对方的言行损害了自己的尊严时，都会本能地进行攻击。

所以，当我们避其锋芒的时候，就是在释放一个信号——我没有攻击你的意思，这个时候对方的对抗机制就会关闭。

第二招，不要打断对方

在我们和对方进行沟通时，如果对方的情绪处于崩溃的边缘，就尽量不要打断对方。在这个时候打断对方，很容易激起对方的怒气，进行有效沟通就很困难了。你要做的是冷静地听完对方的话，然后针对观点问题进行有效沟通。

在他激动地讲完自己的观点后，你可以重述一遍他的观点，并问一句："我的理解对吗？"通常，情绪有些失控的对方，就能因为你理解他的观点而迅速平静。

所以说，不要打断对方，让对方完整地阐述完他的观点，是有效沟通的重要手段。

第三招，理清需求

很多人争执了半天，其实双方根本就不明白对方表述的是什么。举个例子，对方说："你每次都不会在意我的感受！"如果你回答："那你呢，你又好到哪里去！"两人肯定会陷入更恶劣的关系中，对问题根本就没有具体的认知。

如果对方说："你每次都不会在意我的感受！"如果你能回答："你要的是什么呢？如果我更关心你一点儿会不会更好？"就能抽丝剥茧地找到问题的症结所在。

❝ 巧嘴小课堂

当你处于下面几种情况时，尽量不要和人针锋相对：

（1）长时间开车后；

（2）熬夜后；

（3）身体不舒服时；

（4）喝酒后。

在这几种情况下，我们的情绪很不稳定。在这个时候和人针锋相对，容易引发吵架，而且是没有内容、没有焦点的吵架。

❞

自曝劣势获得他人的 **信任**

出一道选择题。现在你迷路了，需要帮助，你面前有两个人：一个是穿着普通，摇着蒲扇，眼睛盯着象棋的老大爷；一个是一身阿玛尼，斜着倚靠奥迪Q7的大帅哥。你会向这两个人中的谁求助？一般人的心理是愿意求助那个老大爷，因为人的心理都是愿意亲近看起来很一般的人，亲近看起来跟自己差不多的人，即便是这个老大爷可能才是那辆奥迪Q7的主人，但是只要表面上给人的感觉他是一个普通的老大爷就可以了。

同样是珠宝店的销售员，宝丽的人缘差得很，吃饭的时候没有任何一个销售员愿意和她说话。宝丽十分不解。

宝丽觉得自己没有任何不对的地方，每天的业务量都十分可观，而且性格好，从来不同别人发脾气，更别说同别人结怨了，声音很甜美，而且长相很漂亮，身材也很好……

宝丽很是纳闷，在外人眼中堪称完美的自己，为什么就没有个好人缘呢？

宝丽不知道，她极力营造的完美就是造成她坏人缘的罪魁祸首。

为什么呢？打个比方说，世界上最俊美的男人是大卫的雕像，但是没有一个人愿意跟这尊雕像谈恋爱，因为太过完美的只是雕像。退而言之，在职场中，一个人过于完美，比如学历高、经验丰富，这种人，往往让人敬而远之，甚至大家都会先入为主地评价他们"自视过高，目中无人"。

在人际关系中，自曝劣势是获得他人信任的一个很好的手段。

具体怎么做呢？

适当示弱，甘拜下风

为了避免自己的形象被"妖魔化"，最好的办法就是自曝劣势，收敛锋芒。要知道人无完人，肯定有一些事情是你所不知道的，或者是自己以前没有接触或者不是十分精通的。这个时候，承认"无知"，或者就不懂的地方问问同事或者前辈，会给别人留下谦虚、好学、尊重他人的良好印象。这个时候，承认"无知"不会给别人留下蠢笨的形象，反而给人更多的信任感，更乐于接纳你，予以更好的合作。

可以说，行走在职场，晋升和加薪是每个职场人都心向往之的事情，但是晋升和加薪不一定只代表着机会和光环，还可能带来恶劣的人际关系。这不，芳菲才升任经理助理，就有蜚短流长了。也难怪，芳菲的运气太好了，名牌大学毕业生，进了这个世界500强的企业，刚进公司一个月就从普通职员升为经理助理，而且身材好，容貌精致，举止娴雅，任谁能够气定神闲地看她一路高升？经理一共有四个助理，那三个心照不宣地想要给芳菲一个下马威。

芳菲要处理文件，跟一个助理说："小雅姐，这个我不会呀，一会经理该骂我了，能不能帮帮我呀？"刚才还一心要给她点儿颜色看看的人，看着芳菲可怜兮兮的样子，忍不住说："我来吧。"

芳菲的聪明之处就是她大大方方地告诉别人，自己只是个普通人，能升职，全凭运气好，而运气这东西，不会总是青睐她一个人，大家都有份。所以，经过接触，很难再有人对芳菲心怀妒意。

如果芳菲升职后表现卓越，万事不求人，那么她很快就会陷入"高处不胜寒"的境地。

处事低调，难得糊涂

职场人都很聪明，心中都有一本账，计算着自己的利益得失。如果你表现得过于"精明"，事事占得先机，不免会因为得到某些小利益而得罪周围人。若是有些人盯着你的"精明"不放，你的人际关系就会变得紧张；若是你还将你的"精明"到处宣讲的话，那么你会发现你的处境用"陷入人民的汪洋大海"来形容一点也不夸张。所以，即便你真的精明到天上少有、地下绝无，也切记低调，对于别人班门弄斧的"精明"，不妨难得糊涂。

在办公室中，几乎没有人会注意到陈晓旭，她虽然长得很美，但是行事极其低调，人缘也好。办公室的女人虽然勤于嫉妒，但是对于陈晓旭大家都没有多少敌意。可是事情发生变故了，大家得知，陈晓旭的丈夫是公司大老板的朋友，是一个货真价实的海归！这么一来，办公室的女人们就开始酸溜溜的了，可是陈晓旭似乎没有看到这种情况，早晨去了老总办公室，回来哭得稀里哗啦。大家很奇怪，一问才知道大老板因为陈晓旭打错了文件的缘故，将她痛骂了一顿。后来大老板又找了几个陈晓旭的麻烦，每次都把她骂得梨花带雨。久而久之，办公室的人再也不找陈晓旭的麻烦了，转而是同情。

陈晓旭真的挨骂了吗？天知道，但是让自己变得跟大家一样，能最大程度削减莫名其妙的敌意。

巧嘴小课堂

　　自曝劣势在获得他人信任、营造好的人际关系方面非常有效，但是要注意，并不是要自曝所有的劣势，涉及隐私的劣势还是尽可能不要让别人知道。

妥协不是自我贬低，软中有硬方显 **手段**

现代生活节奏很快，网络普及，造成人与人之间面对面的交流机会减少，从一定程度上说，人际交流受到了一定的限制。而另一方面，无论是生活中还是职场上，人与人之间的合作却越来越多。这样人际交流受限制和人与人应精诚合作，就构成了矛盾的对立统一体。那么想要通达职场，该怎么做呢？将自己的棱角都藏起来，一味妥协，是否无往不利呢？

茉莉在工作中尽自己最大的努力做自己的本职工作。这次公司交给茉莉一项设计任务，茉莉十分重视，苦熬了几个通宵，力求每一个细节都经得起推敲，可是这份方案在项目例会上却被"枪毙"了。开会之前茉莉信心十足，因为她自认为这份方案十分符合客户的需要，无论是推广策略还是广告费预算，都做了较为详尽的推敲，但是项目总监对她撰写的方案却不太满意，但是也没有一个很具有说服力的理由。最终茉莉选择了妥协，根据项目总监的意见重新写了一套方案递交给客户，但是结果却出乎意料，方案没有通过，而茉莉又成了可怜的替罪羊。

看来，妥协也不是万金油，并不是什么时候都起作用。要知道，妥协只是我们处世的一种手段，并不是自我贬低，而是要为我们的人际关系营造一个尽可能和谐的氛围。也就是说，妥协并不是我们的目的，而是我们的手段。

那么，在现实生活中，怎样才能做到软中有硬呢？

坚持该坚持的，妥协该妥协的

妥协的好处，应该说是数不胜数的。比如在职场上，与同事相处，同客户周旋，跟老板沟通，无时无刻不需要妥协。妥协意味着你表露虚心的态度和表情，即便内心不以为然，但是这外表的妥协足可以让人对你有好感，从而比较容易接受你的意见和见解，然后对方和你就能在一定程度上达成共识，达到完成人际交流的最终目标。但是我们要明确，妥协可不是卑躬屈膝，不是唯命是从，更不是无原则让步。

一次，上司让晓岳和同事小张给一位房地产老客户设计家居图。这位老客户出国了，一时联系不上，小张说还是想办法找客户再听听他的意见，晓岳则认为自己以前和他打过交道，知道这位客户的喜好，可以先做了再说。

小张知道晓岳素来是个倔脾气的人，只好妥协了，两个人苦熬几夜将方案搞了出来，结果客户回国后只看了一眼就否决了作品，令晓岳十分沮丧。时间已经到了，违约金可是要从工资里面扣的，这个时候，小张给了客户另外一份方案，这是他按照当前最流行的理念设计的。

小张表面上妥协了，但是他又为自己的妥协留了一条后路，坚持了自己该坚持的，这样就避免了自己跟晓岳的设计方案被客户否决之后陷入被动。

妥协只是手段，目的是达成自己的心愿

《猫和老鼠》里面的小老鼠杰瑞每次都被汤姆猫追着跑，杰瑞一步步地往墙角退，每次都让人为它捏一把汗，但每次杰瑞的后退都能让它绝路逢生。也就是说，后退只是手段，而求生才是终极目的。现实生活中也是这样，我们的妥协只是手段，而我们的目的是达成自己的心愿。如果本末倒置的话，那么所谓的妥协也就失去了原本的意义。

高楠所在的公司规模不算大，由于勤奋和努力，以及日积月累的经验，他在业务上顺风顺水。因为要赶一份在第二天重要会议上发布的报告，高楠头天晚上熬夜到深夜3点。早晨上班路上不凑巧总是遇上红灯，而且还堵得水泄不通，平日40分钟的车程走了一个多小时。他看着前方车流，心情就会莫名地狂躁不安，恨不得推开车门一路狂奔。9点差一刻，在开会之前，高楠终于气喘吁吁地踏进了写字楼的大门，一进去就撞见部门领导紧绷的脸，一旁的同事又是挤眼又是小声地嘟囔："就等你了，怎么没早点儿到？"

虽然头天夜里精心赶出的报告良好地完成了它的发布使命，不过，比原定的时间晚了一个多小时。

会后，高楠原本忐忑不安的心终于有了一丝平静，但接下来，领

导在部门总结会上毫不留情面地批评了高楠，并通知人力资源部门在办公室张贴处罚通告，扣除当月奖金。高楠很委屈，但是他也知道自己错了，跟领导说："虽然我迟到有些客观原因，但是，我接受处罚。"

事后没几天，公司发布了人事任命，高楠顺利晋升。说实话，高楠年少轻狂，若是字典中没有"妥协"两字也是天经地义，但是他妥协的终极目标就是为了升职，而且他说话的时候软中有硬，虽然承认自己错了，但是也指出自己迟到的确是有客观原因的。

巧嘴小课堂

兵法云："攻城为下，攻心为上。"身处职场要以心交人，以心对人，你的妥协在对方看来是一种尊重。可是妥协并不是无条件、无原则的，有时你的妥协会被别人看作无条件的退让，这样容易形成畸形的人际关系，完全背离我们妥协是为了营造好的人际关系的初衷。

有保留地妥协，赢得对方的 **感激**

嗨，我亲爱的读者朋友，在前面，我已经不厌其烦地告诉你妥协的好处和必要性，你现在是否已经觉得妥协是你为人处世的不二法宝了呢？如果你觉得是，我接下来说的话，会成为泼在你头上的一瓢凉水。心理学中有破窗效应之说，指的是当一种不良现象出现后没有被及时纠正，就会传递一种信息，这种信息将会导致不良现象无限扩展。当你的妥协已经成了家常便饭的时候，那么别人就会无限度地让你妥协下去。

毛新简直不知道自己是怎么了，他觉得被一种神奇的力量操纵着，似乎成了江汉的精神傀儡。尽管两个人在工作上分歧很大，但是江汉总是有办法让毛新觉得自己才是应该妥协退让的那一方，尽管事实上，毛新并不愿意。毛新越来越觉得活在江汉的阴影里，甚至不光是江汉，其他人也开始让毛新做这做那的。江汉虽然心中有一千个一万个不乐意，但是还是忍气吞声地去做了。这几天他甚至觉得自己成了别人的提线木偶，甚至还神经质地看着自己的关节有没有牵引木偶用的那种银白色的线。

　　面对毛新的这种情况，我们就不得不将美国麦克阿瑟将军的励志名言送给他："你有信仰，你就年轻；你若疑虑，你就衰老。你有自信，你就年轻；你若恐惧，你就衰老。你有希望，你就年轻；你若绝望，你就衰老。"也就是说，一味地妥协退让，那么你就会变成没有原则、没有底线的人，你的妥协在常人看来就理所当然。所以，我的朋友，妥协也应该有所保留，让对方知道，你的妥协并不是你多乐意，或者是他多正确，而是出于大局考虑，或者只是出于对对方的礼貌。

　　妥协，有的时候的确能收到好的效果。中国有句古话叫作："退一步海阔天空。"妥协，有的时候的确能成为一种生存智慧，但是要记住，妥协是互相体谅，妥协是互相安慰，妥协是一种互补，妥协是一种互惠，而不是无原则地让步，无条件地退让。所以，当你不得不妥协的时候，不妨笑着告诉对方："因为你，我妥协，但是只有这一次。"

　　经济不景气，很多公司都在裁员或者计划裁员中。因为有《劳动法》的保护，很多公司更多的是软裁员。之前毛羽在图书发行部门工作，因为业务的关系，经理想把他调入书刊校对部门，虽然仍然在同一个单位，但是书刊校对部门工作节奏不紧凑，而且办公室氛围很静，很冷场，虽然换岗后薪水标准未有丝毫的降低，但是还是没有人喜欢去书刊校对部门。经理跟毛羽说完后观察他的反应，毛羽说："虽然我不怎么喜欢这个部门，但是既然经理说是工作需要，我也得去。"

毛羽给了经理面子，也明确地告诉对方自己不喜欢这个部门，努力适应这份性质完全不同的新工作，主要是为了给对方面子。如果毛羽听见调令后二话不说，立刻收拾包袱奔赴新的岗位，以后估计更多的调令还在等着他；如果毛羽愤愤然不能自已，拒绝换工作，那么经理很可能会通知他写辞职信。

巧嘴小课堂

　　在生活中，当我们对那些个别的、轻微的事体不闻不问、听之任之，或者是反应迟钝、纠正不力，这种妥协很有可能会导致破窗效应，会纵容更多的人去"打烂更多的窗户"，就会产生"千里之堤，毁于蚁穴"的后果，带来的是无法弥补的损失。

　　另外，我们知道，在人际关系和睦的时候妥协，可以说是防患于未然，但是如果双方已经爆发了争执，而且各执一词，再妥协，是不是有胆怯的嫌疑？其实不然，在争执最尖锐的时候妥协，是给双方一个和解的空间，避免两败俱伤。

妥协时提出附加要求，给自己留一条 **后路**

孙广利做梦也没有想到，自己的妥协竟然变成了一场逼婚的"噩梦"。事情的起因是这样的，孙广利觉得母亲辛苦了大半辈子很不容易，所以对母亲很孝顺，不仅是孝而且顺，母亲说什么是什么。母亲不喜欢他相恋多年的女友，孙广利妥协了；母亲想让他去相亲，孙广利妥协了；但是母亲竟然让他娶一个他只见过一次面的女生，这次孙广利无论如何也接受不了。他对那个女孩一点儿感觉都没有，要知道一点儿爱情都没有的婚姻就是一个彻头彻尾的大悲剧。可是面对着母亲一哭二闹三上吊，孙广利不知道该怎么办了。

孙广利的妥协将自己逼到了一个山穷水尽的境地。由此看来，一味地妥协不仅不能一劳永逸地解决麻烦，而且会使得麻烦越变越大。妥协虽然是有必要的，但是人趋利避害是本能，在妥协中，尤其是自身认为不妥的妥协中，妥协的同时要提出附加条件，为自己留一条后路。

大妥协，小要求，为以后铺设广阔的后路

心理学中有"等门槛效应"，什么是等门槛效应呢？就是说循序

205

渐进的要求更能为别人接受。我们在妥协的时候不妨应用这种等门槛效应，为自己留一条后路。要知道，成人世界太多变数，能为自己留一条后路总是好的。

财务的工作真的是很忙，整天面对着数字，工作不仅烦琐，而且很枯燥。公司的财务部有6个人，6张桌子，财务部的电脑又不允许上网。其实这并不是赵刚的困扰所在，赵刚最大的问题在于要不要为公司做假账，事实上这是财务的"潜规则"，很多企业都做假账，如果不做，这个财务就得卷铺盖走人。赵刚不得不做假账，但是他更明白，不出事万事大吉，但是如果出事第一个当替罪羊的就是财务。赵刚的上任就是卷铺盖走人的，现在又到赵刚做这道选择题了。赵刚咬咬牙，跟经理说："只要是公司安排，我都会去做，只是毕竟我这方面的经验很有限，如果方便的话，公司能不能给我提供一份详细的要求。"经理想了想答应下来。后来这家公司果真出事了，就在经理想抬出赵刚顶罪了事的时候，赵刚拿出了公司的"要求"。

赵刚为自己铺设后路，存在着两个条件。第一个条件，就是他让经理答应了他的要求，活学活用了"等门槛效应"。如果你上来就说，我得备案，要不然将来出事你们肯定拿我当替罪羊，试想，如果这样说，经理肯给你才怪。第二个条件，就是赵刚妥协了。这种拿一个人的人格乃至自由做代价的妥协，不可谓不大。

大妥协，大要求，想要得寸先进尺

心理学中，和等门槛效应如影随形的是另外一个叫作"留面子"

的心理学效应。心理学家认为，留面子效应的产生，主要是因为人们在拒绝别人的大要求的时候，感到自己没能够帮助别人，损害了自己富有同情心、乐于助人的形象，辜负了别人对自己的良好期望，会感到一点儿内疚。这时，为了恢复在别人心目中的良好形象，也达到自己心理的平衡，便欣然接受了第二个小一点儿的要求。在妥协中也是，我们完全用一个很大的条件作为我们妥协的代价：如果对方接受了呢，证明我们的运气足够好；如果对方不接受，我们再提一个稍微小点儿的要求，这样的话也完全可以用小要求为我们谋求一条很好的退路。

销售主管要求张扬做一个销售方案，老实说，做这个销售方案是张扬的分内事，但是要求三天时间就交出一份方案，而且涉及范围之广，超出了张扬的能力范围。张扬有心想让主管派人帮助，但是深知主管个性，直接要求被视为对工作的拒绝。于是张扬说："主管，没有问题，我肯定会接受任务。只不过，您知道我在公司资历尚浅，恐怕做出来不能服众，要是您也参与进来，那就好了。"销售主管立刻反驳："开玩笑，这么难的案子……"主管自知失言，不说话了。张扬笑眯眯地说："那就让销售部的燕子姐跟我一起做嘛，她是老人。"销售主管答应下来。

张扬的案子肯定会做得不错，职场兵法：老人出马，一个顶俩。即便是做得不好，那么批评的时候有一个人帮着你承担，也是好的啊。但是从张扬的主管口中，我们不难看出，这份案子有多难做，张扬肯笑眯眯地接受任务本身就是一种妥协。如果张扬在接受任务的时候跟主管说："让燕子姐帮我一起做吧！"估计主管会说年轻人需要历练，不要接受点儿任务就要讨价还价。而张扬巧妙地先拉主管"下水"，主管已经拒绝了，再拒绝第二个"小"要求，自觉有点儿不近人情。这就是将留面子效应同妥协结合起来取得成效的典型例子。

" 巧嘴小课堂

　　从锋芒毕露到委婉豁达，我想，妥协是智慧老人送给我们最好的礼物之一，子曰：四十不惑。这个惑，何尝不是一种妥协？人生在世，我们的妥协太多了，无论是向命运还是向自我，无论是向职场还是向生活，无论是向爱情还是向婚姻，我们时时刻刻都在妥协，但是我们要牢记，我们妥协只是为了让我们走得更远，而不是把妥协当成我们的最终目的。

"

第九章

说好道歉话，
放下面子表明
对不起

生活中需要向一方道歉的场面比比皆是。有的人好话说了一箩筐，但丝毫不奏效，对方不仅不原谅他，而且双方的矛盾加深了；有的人道歉不过寥寥数语，就被对方原谅了。这就是道歉的智慧。

道歉时机决定道歉 **效果**

亲爱的读者，你们有没有需要道歉的时候？女朋友因为你一句不当的言辞生气了，上司因为你一时失言不满了，同事因为你一时口快疏远了……当出现这种状况的时候，就意味着我们该自动自发地去道歉了。可是，亲爱的读者，这个时候，你发现自己的内心出现了一个"不会道歉的自己"，或者是"不擅长道歉的自己"，你说了一大堆的好话，却化解不了这个小小的麻烦。反观别人，只说了几句话，就轻而易举地获得原谅，是不是觉得特别不公平？也许，我只是说也许，也许你的道歉跟他没有什么不同，只是你选择的时机刚好不怎么对而已。

就在"飞鱼"菲尔普斯个人独得8枚金牌的消息还在我们的脑海中记忆犹新的时候，英国著名的《世界新闻报》终结了这个神话，让"飞鱼"从天上坠落人间。《世界新闻报》言之凿凿地说菲尔普斯竟然是个吸食大麻的瘾君子。此言一出，众皆哗然。菲尔普斯面对的是赞助商的解约，面对的是2014年伦敦奥运会的金牌梦破灭，面对的是终身禁赛。但是菲尔普斯第一时间站了出来，英国媒体曝光了菲尔普斯吸食大麻的照片后，这位美国泳坛明星当日就承认那幅照片是真实的，并表示他为自己的不当行为而"悔恨"。菲尔普斯还保证说，"这样的事情不会再次发生"。

菲尔普斯的道歉，赢得了赞助商们对他的不离不弃，包括"飞鱼"最主要赞助商之一的泳衣品牌Speedo公司和瑞士名表品牌Omega公司在内的诸多赞助商在"大麻门"事件发生后都站在了菲尔普斯这边，另外一些赞助商则未对此发表评论。看，这就是道歉的机会选择得好的缘故，如果菲尔普斯等到这件事情已经调查得尘埃落定的时候再出来道歉，那么他面对的估计是比这糟糕几百倍的情况。

在现实生活中，如何选择正确的机会道歉，从而达到事半功倍的效果呢？

先分析对方性格，而后选择道歉时机

人的性格真的是千差万别，单单就女人而言，有成熟稳重的，有古灵精怪的，有温柔体贴的，有活泼可爱的，有心直口快的，有内向敏感的，有思想豁达的，有郁郁寡欢的，有风趣幽默的，有悲观失意的，有快言快语的，有少言寡语的，有慢条斯理的……可以看出，世界上真的没有两个人是完全一样的，即便是双生子，他们的价值观和世界观也不会相同。所以，当你道歉的时候，先要看看对象是谁，然后再找合适的时机。

那英的领导是个很开朗的人，正是因为他的开朗，很多下属不将他当作领导，言语之间没有顾忌。这天，那英跟领导说话时竟然因为一件小事争执起来，领导面色不虞，摔门走了，那英后悔不迭。不能因为他和颜悦色就忘记他是领导这回事啊。那英思来想去，决定主动向领导道歉。领导平常很开朗，不能明着道歉，那样显得领导太小气。于是，那英在第二天估摸着领导气也消了一些，有意无意地甚至带了一点儿开玩笑的性质旁敲侧击地说自己前一天不该那么说话。

领导很快就原谅了那英。开朗的人，往往心胸比较宽广，你等到他气消了再道歉，他自然心无芥蒂。如果那英的领导是个斤斤计较的家伙，你就要立刻道歉帮他挽回他的面子，或者是消弭自己对他造成的冒犯。

在对方高兴的时候道歉，效果会更好

有的人说，对待亲人，不需要道歉，他们了解我；对待敌人，不必要道歉，因为没意义。如果真的按照这种人的说法划分，世界上除了敌人就是亲人，那么这个世界多么简单明了，遗憾的是，现实不是这样的。

所以，道歉是必不可少的，而且道歉的时机也是非常必要的，如果你道歉的时机不对，往往忐忑了半天，好不容易把舌端的"对不起"送出口，对方还鼻子不是鼻子眼睛不是眼睛，那么这道歉就形同于无了。如果能挑对方高兴的时候道歉，效果会更好，因为人在高兴的时候，看什么都是顺眼的。

周大胖走了，走的时候看背影挺义无反顾的。我知道是我的错，我小心眼、臭脾气、情绪化。

我百无聊赖地在房间里坐着，周大胖的妹妹告诉我，她那个貌似挺优秀的哥哥最近挺高兴的，获得了一个什么样的奖项。于是我立刻抓住机会，跑到电脑前敲出一大堆煽情感人的小段子发给周大胖。他很快就回复了："尽管你道歉道得挺不靠谱的，但是谁让我心情好呢？我原谅你。"

周大胖外号"叫驴"，大家能想到他的脾气有多倔吧？平常的时候，想让他原谅根本是不可能的事，但是我运气好，竟然撞到了他高兴的时候。所以，大家不妨试试看，在对方高兴的时候跟对方道歉，也许你刚开口就被原谅了。

对方失意是你道歉的好机会

世界就是这样，每个人都不吝惜去帮那鲜花着景，但是并不是每个人都习惯去雪中送炭。当对方失意的时候，你的道歉绝对不会被他看作是落井下石，而是看成在他满心都是荒凉的时候，主动送来的一颗橄榄。

前几天刘怡然还在为怎么跟主任道歉为难，谁知道事情陡然峰回路转，主任被纪委的人给查了！虽然主任没被查出任何问题，但是当他回来继续工作，大家看主任的神色多少有些敬而远之的味道。刘怡然心想这时候不道歉更待何时，立刻敲响主任办公室的房门。进去刚表明来意，主任就跟见到亲人一样热情地跟刘怡然聊上了。

巧嘴小课堂

一些研究道歉时机的人员相信，在表达自己歉意的时间选择上应该有一个最佳时机——48小时之内，他们将这个时段称之为"道歉成熟期"。道歉太早别人会认为你在采取防御措施以防止受到"惩罚"；道歉太晚别人又以为你是事后追悔。

没有针对性的道歉缺乏 **诚意**

我们都会道歉，那么我们究竟是为了什么要道歉呢？道歉的原因林林总总、不一而足，但是我们道歉的目的是唯一的，那就是表示我们认识到自己犯了错，承诺改正。换言之，我们要坦诚错在己身，要向对方表达出我们内心深处真诚的歉意。尽管歉意并不是"对不起"能够了结的，但是我们呈现给对方我们的真诚，真诚意味着我们有承担责任的诚心和勇气。很多没有针对性的道歉让人觉得缺乏诚意，没有诚意的道歉就像是包装得极为精致华美的盒子，里面一无所有，让人在空欢喜一场后更加愤怒。

深陷丑闻的老虎伍兹终于选择了道歉。他通过自己制定规则，只让少数记者参加他的道歉会，这让这次见面会缺少公信力。在道歉的时候，老虎伍兹给人的感觉也是照本宣科地念准备好的稿子，身体语言十分僵硬，而且他所道歉的对象，第一个便是赞助商，向其表示有机会的话会重返赛场。在整个道歉的过程中，不管是他的丑闻，抑或是他的病情，他都只字未提。对于老虎伍兹的道歉，危机控制专家罗伯特·泽梅曼说，道歉会很像是《周末夜现场》的模仿秀，尼克松总统宣布辞职的时候表情都比伍兹轻松，而且悔意更浓。

同样是身陷丑闻，当年科比一番发自肺腑的道歉感动得妻子潸然泪下，跟老虎伍兹质疑声一片的道歉效果可以说是大相径庭。为什么会这样？因为科比的道歉言之有物，比老虎伍兹的空洞道歉有内容，有内容的道歉往往让人觉得真诚。

那么应该怎样做，才能让我们的道歉显得有针对性，体现我们的诚意呢？

为自己带给对方的伤害道歉

三鹿奶粉已经淡出公众的视线了，现在石家庄的大街小巷都张贴着"人人都喝家乡奶，河北乳业站起来"。当初三鹿乳业也曾就"三聚氰胺"向广大人民道歉，遗憾的是三鹿的危机公关做得并不好，民众不买账。

让我们看看当初三鹿是怎样道歉的。

信件全文如下：

"三鹿牌婴幼儿配方奶粉"重大安全事故，给众多患儿及家属造成严重伤害，我们非常痛心！三鹿集团向你们表示最诚挚的道歉！9月15日上午9时，我公司从河北省公安厅的新闻发布会上获悉，涉嫌向我公司原奶中添加三聚氰胺的案件已经取得重大进展，19名嫌疑人已经被刑事拘留，其中两人被依法逮捕。我公司真诚感谢公安部门夜以继日、不辞辛苦地快速侦破案件。

我公司郑重声明，对于8月6日以前生产的产品，我们全部收回，对8月6日以后生产的产品，如果消费者有异议、不放心，我们也将收回。同时，我们将不惜代价积极做好患病婴幼儿的救治工作。最后，再次向广大消费者和患病婴幼儿及家属真诚道歉！

难怪民众不买账，这样支支吾吾的道歉，大家会接受才怪。

错在哪里必须说清楚

小学的时候，我经常犯错误。老师通常会说："知道错了吗？"我是个倔强的孩子，铁齿铜牙地说："不知道！"迎接我的总是抄书本的变相"体罚"。等到有一天，我终于学聪明了，当老师又问"知道错了吗"的时候，我说："知道了！"可是老师又问我"错在哪了"，我再一次傻眼了。在抄写书本的时候，我百思不得其解。

不说明错在哪里的道歉，就像是我小学时应对老师的批评一样，会被认为是在敷衍，缺乏诚意。

左胜利栽了，法院判他败诉。这意味着他必须向自己的前同事赵方亚道歉。左胜利和赵方亚同期进入公司，赵方亚平步青云，而左胜利原地踏步。出于嫉妒，左胜利处处诽谤赵方亚，甚至在微信朋友圈里造谣赵方亚和总经理有不正当的男女关系，给赵方亚的工作和生活带来极为恶劣的影响。

于是赵方亚一纸诉状将左胜利告上法院。左胜利慌了，在微信朋友圈"发声"："我知道我错了，我不应该在朋友圈里发布那样的消息。"

左胜利不仅没有说出自己的具体错误，还有避重就轻的嫌疑，这样的道歉势必不能让赵方亚接受。

错误越描越黑，道歉时不要 **解释太多**

人类的语言，没有说出口之前只是原材料，但是一说出口，就会加上油盐酱醋，变了味道。听的人，口味不同，韵味自然也不同，就如口味偏甜的能尝出甜味，胃口偏辣的只尝出了辣味。本来事情是这个样子，但是被你这么一说，就好像变了味道。道歉自然也一样，单纯道歉就好，不要解释。因为我们的解释，往往会被人认为是掩饰。向对方解释，本意是好的，但是我们的言辞很可能会再度刺激到对方，所以，有的事情道了歉大家心照不宣，不必再加以解释。

年会上，主持人晓慧在报幕的时候，将"有请集团总裁马东升先生"错说成了"马东先生"。同事们都纷纷说晓慧惹麻烦了，晓慧忐忑地向总裁道歉。没有想到，总裁却说，主持工作强度很大，出点儿小失误可以理解，别往心里去。

晓慧之所以能够得到总裁谅解，一方面当然是因为总裁能体谅人，一方面也跟晓慧的诚心实意的道歉方式有关。假设晓慧道歉之后，又说出一大堆理由为自己的失误进行辩解，恐怕会引起总裁不快，甚至可能会被训斥一番。

那么，在日常生活中，我们怎样做到道歉到位而避免越描越黑呢？

过去的就过去吧，道歉一句别再解释

科学家告诉我们，人体细胞会新陈代谢，每三个月就会替换一次，旧的细胞死去，新的细胞诞生。新旧更替，将一身的细胞全部换掉要历时7年。也就是说，在生理上，我们每7年就是另外一个人，你就是你，但是你也不是你。生活中，很多事情并不以我们的意志为转移，就像是我们的身体，7年，细胞全部都换掉，一个旧的也没有，永远都是变化的。所以，过去的就让它过去吧，真心实意地做出道歉，足矣，不必再翻旧账困扰彼此。

王浩的微信上发来了一条好友请求，对方说："我是清辉，对不起。"

清辉是王浩的前女友，两人恋爱三年，她却抵不过第三者的名车豪宅攻势，选择了背叛。而经历了背叛的刻骨铭心，伤心欲绝之后的王浩已经走出当年的阴霾，有了情意相投的女朋友，打算月底就结婚了。

王浩看到这条微信好友请求后，内心毫无波澜，他随手发了一条"没关系，过去的已经过去了"，拒绝了对方的好友申请。

遗忘是人的天性，成长发展是我们每个人的人生。所以，如果某一天，你决定为自己当年的年少轻狂向某人道歉，那么诚恳地说上一句"对不起"就可以了，不必再心存跟对方回首往事表达你懊悔不已心情的想法，因为这样彼此反倒尴尬。

道歉诚恳无比，错误一语带过

道歉过程中，如果你喋喋不休地解释自己犯错的原因，那么首先证明你的道歉不够诚恳（既然诚恳何来那么多的借口和原因？），其次证明你尚有委屈（不然你何必罗列那么多的借口？）。所以，诚恳道歉就可以了，错误不妨一语带过。毕竟，谁也不想被你重复的言辞伤害两次。

"对不起，我就是年纪小，不太懂事……"得罪了顶头上司的钟燕燕反复地道歉。可是顶头上司并不原谅："你硕士毕业都4年了吧？30岁了，还年纪小呢？"

亲爱的读者，在你看来，"我就是年纪小"代表着什么？是不是代表着这个人心思单纯，还没有被社会这个"大染缸"污染？我道歉了，我年纪小，你就该原谅我。——如此道歉，压根就没有诚意，谁会接受？

这种解释，根本就是画蛇添足。

❝ 巧嘴小课堂

　　道歉，首要在于诚心，过多的解释是在开释自己，给人的感觉不是在真心道歉。

❞

将道歉寓于对他人的 **赞美中**

人际关系可以说是每个人都要吃的一盘大菜，而赞美就是菜中的调味品。如果道歉之中有赞美，那么，道歉不仅不会给自己带来困扰，而且还容易让道歉对象接受，使得我们的人际关系更加和谐。

百丽接手了一个新任务，但是这个任务需要有懂得成本核算的人员在一边协助，以便在交方案给客户的时候能提供初步的估价。百丽想到了同事月月，于是便邀请月月参加自己的项目小组。然而月月手上的工作可以称得上是堆积如山，而且其中一件工作十分棘手，相当耗时耗力，因此她无法接受百丽的邀请。不过顾及两个人之间的交情，为了不让百丽觉得面子上过不去，月月就说："百丽，我们这同批进公司的，就数你最厉害，不仅人缘好，而且能力强，找个核算高手肯定难不倒你。我就不去班门弄斧了，况且我手上还有很多的工作没有完成哪，就算想参加你的项目小组也是心有余而力不足哇。"

如何将赞美穿插到道歉之中去呢？

赞美抬高对方，不接受你的道歉都不行

在说方法之前，我们先说一下心理学中的期待效应。传说一位手艺精湛的雕刻家爱上了自己的作品——一座美女石像。他日思夜想，茶饭不思，最后感动了宙斯。宙斯把石像变成了真正的美女，满足了雕刻家的愿望。期待效应的内涵就是，在人际交往的过程中，一方充沛的感情和较高的期望可以引起另一方微妙而深刻的变化。所以，当我们道歉的时候，不妨先用赞美抬高对方，当对方接受了我们的赞美的时候再道歉，对方就会不由自主地接受。

相传古时候有位宰相让一个理发师给自己理发。理发师为宰相理发理到一半的时候，也许是过分紧张，一不小心把宰相的眉毛刮掉了。啊呀!不得了了，他惊恐万分，暗暗叫苦。

不过理发师是个常在江湖上走的人，深知人之一般心理：盛赞之下怒气消。所以，理发师连忙停下剃刀，故意两眼直愣愣地看着宰相的肚皮，仿佛要把五脏六腑看个透。

宰相见他这模样，感到莫名其妙，疑惑不解地问道："你不修面，却光看我的肚皮，这是为什么呢？"

理发师忙解释说："人们常说，宰相肚里能撑船，我看大人的肚皮并不大，怎能撑船呢？"宰相一听理发师这么说，哈哈大笑："那是说宰相的气量最大，对一些小事情都能容忍，从不计较的。"

理发师听到这话，"扑通"一声跪在地上，声泪俱下地说："小的该死，方才修面时不小心，将相爷的眉毛刮掉了!相爷气量大，请千万恕罪。"

宰相勃然大怒，正要发作，但冷静一想：自己刚讲过宰相气量

最大，怎能为这小事给他治罪呢？于是，不得不大度地对理发师说：
"无妨，且去把笔拿来，把眉毛画上就是了。"

道歉藏在赞美中，对方有面子的同时就会原谅我们

人非圣贤，孰能无过，我们从小接受的告诫就是犯了错误要道歉。生活中和职场上，稍微不慎，就要面对道歉的情境了。这个时候，即便我们豁出自己的面子不要，对方也不见得会接受我们的道歉。这个时候，不妨将道歉藏在赞美中，他不接受道歉，他还能不接受赞美吗？如果无论赞美还是道歉他都不接受的话，我想，你们之间出现问题的最大可能在于他，而不是你。

2004年王谦研究生毕业，年轻有才气，进入公司后很受领导器重。年纪轻轻前途无限，在工作中，王谦难免有一些恃才傲物的表现。亏得领导爱才，一般的事情也就由他去了，孰料这次的业务拓展方案，王谦同领导的意见发生了分歧。王谦很不给上司面子，争论不休。上司十分生气，果断停止了王谦的一切业务，以示警告。

王谦这才如梦方醒：领导器重你，你算是人才；领导对你看不顺眼，你什么都不是。

王谦思前想后，决定道歉。他特地选择了一个人多的时候，对上司说："我才来公司不久，说实话，对公司的情况并不是多熟悉。而您不一样，这公司是您跑马圈地一点一滴地打下来的，没有人比您更熟悉公司的方方面面。我上次和您的争论，事后仔细想了一番。我的出发点是好的，但是别的方面，的确是错了。对您的态度相当不妥，尽管您没说什么，但是我非常懊悔，希望求得您的谅解。"

上司拍了拍王谦的肩膀，说："过去的事情就让它过去吧，我们一起向前看。"

上司是聪明人，他明白，王谦的话都说到这个份上了，自己如果还不恢复对方的业务，很容易让人背地里说自己又小气又嫉贤妒能。

巧嘴小课堂

当然，凡事过犹不及，在我们道歉的时候，如果一味赞美对方，甚至用一些浮夸语言，只会让人觉得花言巧语，态度不诚恳，更加难以得到对方的谅解。切忌。

别出心裁的道歉方式显示你的 **诚恳**

　　不知从什么时候起，道歉的方式似乎变成了约定俗成的那么几种。拿明星来举例子。明星一旦被媒体曝出丑闻，通常会召开媒体发布会声泪俱下地道歉，说自己以后一定会用更好的作品来回报大众，请大众监督自己。这类"你方唱罢我登台"的剧目不断上演，让公众看得不胜其烦。

　　马建邦是一家平台的网络主播，在竞争如火如荼的当下，想要出名可不容易。于是他开始直播一些出格的东西——对主流道德价值大肆攻击，声称"父母都是祸害"，建议大家都不要管年迈的父母。

　　马建邦大放厥词并没有给他带来人气，反而接连不断遭受网友的留言指责，他的关注者也急速减少。于是马建邦又声泪俱下地道歉，说自己不该发布那样的言论……

　　他哭什么呢？不过是在哭自己朝不保夕的前程。没有诚意的道歉，谁稀罕！

　　星光环绕的明星尚且需要别出心裁的道歉方式，遑论我们普通人。

如何才能让道歉方式别出心裁，容易让对方接受呢？

形式要新，新到对方看见你的用心

首先，我们要明确一点，我们为什么要道歉？那是因为我们认识到自己错了，我们伤害到了对方，所以我们要给对方一个交代，给自己一个交代，并且希望挽回跟对方的关系。这个时候，我们要向对方传递一个信息：我知道我错了，而且我也知道我的错误给你带来了伤害，所以我要尽力弥补对你的伤害。

说出去的话就如泼出去的水，错误也是一样的。已经做错了，只能尽力去弥补，所以我们用别出心裁的道歉形式，也体现了我们弥补错误的良苦用心。

这条道歉广告牵动了这个城市许多男女的心，广告的正面右下角是一对漫画形象的小男生和小女生，两人脸对脸，中间一个红色的"心"图。左上角有一个小男生一手挠着头，一手拿着一朵花在向女友道歉："别生我的气啦，原谅我好不好吗？请小娃娃'大人'给我个补救的机会吧。"这个灯箱广告的背面：右上角是一幅放大了的情侣照片（八成是致歉者和致歉对象），右下角则是同画面的缩小照片。照片中，白雪皑皑的冬日里，两人幸福地依偎在一起，背景是一个大大的红色的"缘"字。这个致歉者还在广告里表示自己会在电话旁24小时等待自己女友的消息，显得情深意切。广告上还有深情款款的表白："我以为把你的所有东西都还给你，我就可以停止去想你，结果却越来越想你。我不想到心脏停止跳动的瞬间才后悔失去你，让我再抱抱你，让我再爱你，好吗？"广告落款者是"流浪的猪"。

整座城市都沸腾了，很多女孩子都表示，如果自己是广告中的致歉对象，肯定会原谅这个男生，因为从他的这份别出心裁的道歉广告中能看出他的痴情。

内容要新，新到对方感动

道歉并不是应用文，不是严格地分为"我错了""错在哪里""我以后会怎样"这三部曲的。当我们将道歉演变成应用文的口头表述的时候，道歉该有多乏"新"可陈？

恋爱中的男女有几人没有闹过矛盾？宋海清和丹丹也不能例外。前几天丹丹又生气了，因为宋海清说话不好听。宋海清也很难过，自己嘴巴很笨，不知道该怎么说合适，想了几天，小心翼翼地去给丹丹赔不是。丹丹虽然接待了他，但是态度还是冷冷淡淡。宋海清说："我给你讲个笑话吧。说有一对热恋中的男女——就像是咱俩一样的热恋男女——相约去吊祭一位长辈，后来两人闹情绪，出殡那天只有男的去了殡仪馆，看不到女的。他越想越觉得不对，就给女的写了一封道歉信，谁知道女的看了信，更加火大，你知道这男的是怎么写信的吗？"丹丹很好奇："怎么写的啊？""他写的是：亲爱的，昨天去殡仪馆，本来是想去看你，没有想到，看不到你，心中好难过……"丹丹扑哧一声笑出声来："这男的好笨啊！"宋海清趁势诚恳认真地说："是好笨啊，我就像他一样笨，所以，你愿意原谅我吗？"

话都说到这个份上了，丹丹会不原谅宋海清吗？也许两个人的感情因为这一场"风波"会更加稳定。

巧嘴小课堂

心理学中有个效应叫作钟表效应，也就是说，当我们拥有一块手表的时候，我们对于时间很确定，但是当我们拥有很多块手表的时候，我们反倒不知道具体的时间了。这个效应也适用于道歉，那就是道歉不需要规模效应，好的道歉一个就足够，太过频繁的道歉只能让人对道歉者的诚意产生怀疑。

夸大自己的错误，博取对方的 **宽容**

在日常生活中，小题大做，故意夸大自己的错误也是不错的道歉方式。小题大做，说白了就是故意将自己的过错夸大，让人在莞尔一笑的时候，不由自主原谅你。夸大自己的错误，也是向对方展示自己的错误还没有到那个程度，也让对方开始放开心胸接纳你的道歉。

某市一家瓷器店营业员老王碰到一位十分挑剔的女顾客。这个女顾客面对老王推荐的好几套瓷器，挑了半个钟头都没选中。因顾客太多，老王就先照应别的顾客去了。这位女顾客以为冷落了她，便把脸一沉，大声指责说："喂！你这是什么服务态度？你眼睛没看见我先来吗？为什么扔下我不管？"她把钞票往柜台上一扔，命令道，"快给我买，我还有急事！"老王赶紧说："对不住，对不住，都怪我，都怪我，你看我这事整的，影响了您一天的心情不说，还影响您买别的东西的兴致，估计我这事一出，您一周的心情都不痛快。"一边说一边又拿出瓷器让女顾客挑。

如果碰上一个愣头青，跟女顾客较真，或者是平平淡淡回应一句"对不起"，按照这女顾客的泼辣程度来看，估计很难息事宁人。然而老王并没有和女顾客"一般见识",而是用夸张的言辞表明自己影响了对方的购物心情,表面上"似水柔情",实则"力有千钧",产生了积极的效果。

我们应该如何小题大做?应该什么时候小题大做?下面就是系统回答这些技术层面问题的答案。

故意夸大自己对错误的认识

对方希望你认识到错误,所以务必要顺着对方的思路走,若是能故意夸大自己对错误的认识,就容易得到对方的谅解。

一次部门开例会,主要讨论下个季度的市场项目和预算。朱丹在给大家通报了自己的项目和预算后,忍不住抱怨了公司的网络财务系统,说财务部为了自己的工作方便,让软件公司设计了那么复杂的系统,人为地给其他部门增加了工作量。说完后她才意识到,公司的网络财务系统是财务部的同事设计的,而他今天也参会了。

朱丹看到财务部同事尴尬的表情,立刻当众向财务部的同事道歉说:"我实在是被这套系统搞晕了,大家都知道我的项目总是出纰漏……我这属于是推诿之罪啊!把问题都推到同事身上……对不起。"

财务部同事的脸色立刻缓解,马上点头说:"各个部门之间的要求不一样,我们是计划大家用一阵子就搜集反馈意见予以改进呢。"事情就这么过去。

朱丹直接将自己的言语不周夸大为推诿之罪，这种道歉形式就属于典型的故意夸大自己对错误的认识。

故意夸大自己造成的结果

小时候我们去商店买糖，虽然买糖的数量是固定的，但是我们是喜欢店家一颗一颗地增加糖呢，还是喜欢店家一颗一颗地减少糖呢？答案当然是前者。买糖是我们期待的好事，自然喜欢糖粒频增；出错是我们不希望来临的坏事，自然愿意看到错误递减。

王阳明十分挠头，因为他刚进入公司才两个月就惹了麻烦——他参与的项目出了纰漏。虽然问题不是很大，但是对于试用期还没有结束的王阳明来说，那就算是相当严峻了。

王阳明愁眉不展，想了半天还是决定去跟老总坦白，争取宽大处理。他愁眉苦脸地进入办公室，吓了老总一大跳。王阳明自责道："对不起，经理，我辜负了您的期望，这次的项目，因为我的错误，几乎搞砸了。"老总赶忙问他具体的情况，王阳明又说，"幸亏做了及时的补救，把损失缩减到了最小。不过也是笔较大的款项。"一看老总的脸又开始板起来，王阳明又说，"不过又去跟对方做了谈判，争取到了最大的宽限，款项由原本的数十万元变成了几千元。"这时候，老总说："这是个教训哪！好在损失不大，以后做事一定要谨慎。"

王阳明的聪明之处就是采取了故意夸大自己造成的结果，让对方认为后果无法挽回的时候，再补充说明其实损失不大。这就相当于读者原以为所看的小说会是个悲剧，却没承想结局还算光明，心理上乐于接受。

巧嘴小课堂

　　事实上，小题大做，故意夸大自己的错误这类道歉方式，更适合于不是原则性错误的错误。如果是原则性的错误，还是应该诚恳地道歉，以求得对方原谅为好。

第十章

说好反驳话，有逻辑地摆出让对方信服的理由

行走人生，最难坚持的是自我，最难把握的是尺度。放弃自我，便是曲意迎合；而过分坚持自我，又会矫枉过正。因此，我们在说反驳话的时候，谨记有理有据有节。是非功过，自在人心，你的原则在你的心中，而评价你的尺度却掌握在别人手中，所以要做的只是咬定原则不放松，任尔东西南北风。

有理不在声高，激动是反驳的 **大忌**

人们常说"理直气壮"，意思是只要你占了理，说话的气势就可以很盛。但是在人际关系中，"理直气壮"往往容易给我们带来"麻烦"，为什么呢？因为当我们高声大气地阐述我们本来占理的事情的时候，旁观者会觉得我们咄咄逼人，以致我们本来占理，反倒容易失去支持者。所以我们要谨记：有理也不要声高。

"咦？这个欧阳丹丹是谁啊？"女朋友问。

"能是谁？不就是我前女友嘛！"男朋友回答。

"你们分手都快三年了，你还留着她的微信！"女朋友有点儿不舒服了。

"看你说的，我从来不主动拉黑别人，绝对不为她破这个例。"

"让我看看，你俩昨天晚上还在聊天？！你不是说你跟她不联系了吗？"女朋友的声音开始提高。

"你凭什么看我的微信啊？你有什么资格看我的微信？能不能给我点儿空间？隐私懂不懂？"男朋友开始发脾气了。

一场大战吹起号角。

女朋友觉得男朋友因为心虚才强调什么隐私，才开始发脾气。

要知道，声高的时候往往意味着我们已经愤怒了。从心理学的角度来说，愤怒是一种情绪状态，小到烦躁不安，大到火冒三丈，还伴随着生理变化，如心跳加快、血压升高，激素、肾上腺素的水平提高。

虽然愤怒是一种完全正常、健康的情绪，但是，应该正视的是，如果你无法控制愤怒，怒气冲冲，声高骇人，可能会引发出一些意想不到的不利后果。所以，对于生活中出现的误会，只有把握了说话语气的分寸，才能收到说话的预期效果。

那么，在现实生活中，我们具体应该怎样做呢？

委婉地反驳，显示自己的修养和大度

当我们反驳别人的时候，对方有理没理，其实他们是最清楚的。没理还要强辩三分，多半是在强撑，以求挽回面子，找个台阶下，或者以为我们也是"欺软怕硬"队伍中的一员，妄图用霸道的架势来震慑我们，赢得他不该赢得的胜利，获得他不该获得的利益。这个时候，我们大可报以微笑，用委婉的言辞进行反驳，既给了对方面子，不会造成更加尖锐的矛盾冲突，同时也展示了我们的大度和修养，让他自觉羞惭，停止无理取闹。

说实在话，单身并不可怕，可怕的是你必须要应付那么多要你结束单身的人，这些人中不仅有你的父母兄妹，还有一些你不认识的陌生人，比如说你父亲同事的姐姐，或者是你姐姐的牌友的邻居，当这些人以一种含惊讶、含不屑、含幸灾乐祸、含热心过度等含义复杂的口气问你："呀！你条件也不错啦！为什么还没有结婚哪？"如果是泼辣爽脆的人会大大方方地回一句："管好你自己得啦。"

可是杜若很温婉，这样的应对她做不来，总是报以抱歉的笑容，之后硬着头皮听对方的"谆谆教导"。直到有一天，有一个陌生人也想在杜若跟前扮演热心肠的角色，杜若终于不再硬着头皮恭听教诲了，她微笑着委婉地反驳对方，让对方明白"好好歇着吧"才是他最该做的事。

那天，有一个路人甲跑了过来问杜若："杜若啊，你长得不错，工作又好，收入稳定，为什么还不结婚呢？"

杜若微笑着说："我小的时候，学习散打。有一次膝盖受伤，流了很多血。"

"膝盖受伤跟你没有结婚有什么关系？"路人甲很好奇地问。

"对啊！那我结婚不结婚，跟你有什么关系？"杜若微笑着说。

杜若的反驳，称得上是刚柔相济、绵里藏针。

先给对方面子再反驳

反驳别人的错误，"退一步"能化被动为主动。也就是说，先承认对方的观点是"正确的"，先给对方以面子，然后根据对方"正确"的观点，推导出一个荒谬的结论。这样，在不伤及对方面子的情况下，让对方自己悟出他的看法或者做法不妥。

黄秀英是公司的中层，现在公司因为易主，很多职员十分松懈。为了让下属们能够重新打起精神来，黄秀英开始以身作则，天天早早到，甚至下属的格子间她都会亲自打扫，可是下属们依然无动于衷。黄秀英十分不解。

黄秀英是豪爽之人，天生的乐天派，这份以身作则的亲和力却招致下属们的冷嘲热讽，她不明所以，感觉委屈，便找到总经理，诉说自己的困惑。

总经理说："对，你做得对，不过我估计你要是继续这么'对'下去，对你有意见的人会越来越多，比如说公司的保洁人员，因为你的以身作则，她担心被辞退，肯定心里对你有怨言；还有你的上司，你忙着做这些，都快没有时间去做你自己的工作了，上司能不对你有看法？"黄秀英当时就明白过味儿来。

如果总经理这样跟黄秀英说："你这领导是怎么当的？更何况那些事情无须你来做！你带什么头？起什么表率作用？你知道你的成本有多高？打扫卫生，这是你一个领导应该做的事吗？这不是浪费公司的人力成本吗？你这样像话吗？"

那么，黄秀英的面子肯定挂不住，而且很可能不接受总经理的批评，固执地认为自己替公司着想没错。

巧嘴小课堂

理直不必气壮，有理不必声高，暴风骤雨式的反驳永远比不上和风细雨反驳的效果好。

没有逻辑的反驳只能让自己 四面楚歌

反驳是由断定一个或一些判断的真实性，通过推理形式确定另一判断虚假或其论证方式不能成立的思维过程。所以说，反驳是一种特殊形式的论证。既然是论证，那么就要讲求逻辑。

前不久，公司内部的论坛里开始有人说郭欢怡吃回扣，依据是郭欢怡经常在朋友圈里"炫富"，什么LV的包包，爱马仕的笔记本，甚至连小熊的钥匙扣都是香奈儿的，可郭欢怡的薪资根本支撑不起如此高消费，所以有人推测她有灰色收入。

部门经理对这件事情很重视，因为郭欢怡负责公司的设备采购，如果真的出现吃回扣的情况，就属于比较恶劣的事情了。

郭欢怡知道这件事后，直接发了一个帖子："我错了，我不该这么虚荣。"说自己年过29岁的高龄，都没有男朋友，为了引起"高富帅"的注意，才把自己打扮成"白骨精"的形象，并且在帖子结尾附上那些"奢侈品"的链接——都是高仿网店的产物，同时上传了自己购物记录的截图。

看到这个帖子后，说她吃回扣的事情就不了了之了——毕竟人家的购物清单都能对上号，买的"奢侈品"的确能看出仿冒的痕迹。

这样的反驳非常有力，因为逻辑清晰，有理有据。

以子之矛，攻子之盾

成语"以子之矛，攻子之盾"是出自《韩非子》的寓言故事，现在常用来比喻拿对方的观点、方法或逻辑来反驳对方。这种反驳的方法在辩论中有着广泛的应用，因为这种方法立足于对方的观点、方法或逻辑，得出的结论通常会让对方措手不及，难圆其说，具有很强的杀伤力。不仅如此，如此反驳对方，还能避免无的放矢，浪费口舌和精力。

金萱就职于一家公关公司，这家公关公司可以说是竞争非常激烈，所以只要是有一点点的私事流露出去，立刻就能引来飞短流长。金萱很聪明，对自己的事情从来都是守口如瓶。

然而，常在河边走，哪能不湿鞋？一次电话中她不留神透露了自己来自单亲家庭，这被她的对手孟婷听见。要知道孟婷是绝对不会放弃任何打击她的机会的。

有一次在很多人出席的场合，孟婷对金萱高声说："听说单亲家庭的孩子心理都不健全，工作、生活总是不开心。你怎么看？"

金萱故作惊讶地说："你是说咱们老总工作、生活总是不开心吗？"

孟婷一下子噤若寒蝉了。

巧用归缪，绝地反击

在反驳的时候，我们经常会遇到对方对我们的指责或者是批评无理搅三分的情况。这个时候，我们不要顾及对方的观点，要着眼于对方的推理过程，根据他的荒唐逻辑得出荒唐的结论，让他的观点不攻自破。

世界上没有什么比没有原因的指控更让人接受不了的了，但是当老板没有任何确切的原因骂你是笨蛋、废物的时候，你会怎么样？

这正是蒋慧娜听着老总说"养兵千日，用兵一时，我上小学的儿子也做得比你好"时面临的难题。

等到老总的脾气好不容易消停的时候，蒋慧娜说："老总，现在您知道为什么公司包括我在内的设计人员都是庸才了吧？因为最好的设计人才都出现在您儿子所在的小学里了。"

老总被气笑了。

一个资深设计师设计出来的作品，被批评为"我上小学的儿子也做得比你好"，这种指责自然过于荒唐。面对这样荒唐的指责，蒋慧娜没有选择对着干，而是用老总荒唐的逻辑推导出一个荒唐的结论，让老总哑然失笑之余，明白自己的批评的确情绪化。

另辟蹊径

当我们遇到具有一定攻击性的指责的时候，不妨先挑出对方指责中的破绽，然后用自己的长处进行回击，这属于另辟蹊径。

安安是何在的好朋友，而何在是一家网站的网络写手。两个人因为网络文学是不是真正的文学爆发了激烈的争论。最后何在指责安安："你根本不知道什么是小说！不，你简直就不知道什么是文学！因为你连一本小说也没有写过！"安安说："你的逻辑简直是荒谬！我是个厨师，即便我从来没有下过蛋，我也知道鸡蛋的味道！"

何在是网络写手，对于网络文学显然比安安更有发言权。如果安安再围绕小说这个话题反驳何在的观点很难胜出。于是他另辟蹊径，用有趣的比喻反证何在的观点根本站不住脚。

巧嘴小课堂

绳锯木断，水滴石穿，没有目的性的反驳就像是一辆由10匹马驾驶的马车，因为10匹马各自努力的方向不同，所以这辆马车只会纹丝不动。

抓住对方破绽，反驳要 **一锤定音**

若是我们能抓住对方的破绽进行反驳，就会收到"蛇打七寸、擒贼擒王"的效果。

秦墨喜欢和三教九流的人交朋友。其实这没有什么，作为一个销售代表，甚至可以说，能同三教九流交朋友，这是他吃饭的本钱。遗憾的是秦墨的母亲并不是这么想的。老太太没有退休之前是大学的讲师，思想正统。这天秦墨跟客户喝完酒回来，母亲早早地准备了一盏清茶对秦墨说："知道为什么历史上对刘邦的评价低吗？"还没有等到秦墨回答，母亲就说，"因为他贪财货，好美姬，而且当泗水亭长的时候，经常跟同事出去喝酒鬼混！看看你整天都跟哪些人在一起！听没听说'近墨者黑，近朱者赤'的道理？"秦墨翻白眼："妈，您的意思我明白。按照您的意思，侏儒要是跟姚明住在一起，就能长成大个儿，是不是？"

秦母哑口无言。

近墨者未必黑，秦墨就是利用母亲的这一破绽，让后者无言以对。所以，找到对方说话中的破绽然后加以反驳，可以一劳永逸地解决问题。

具体该怎样做呢？

揭其矛盾，使对方不能自圆其说

事实胜于雄辩，这个道理大家都知道，当我们揭露了对方话语中的矛盾的时候，对方肯定瞠目结舌。我们用对方的破绽证明了对方说的是伪命题，既然对方说的是伪命题，我们反驳的目的也就达到了。

这是一场刑事案件的审判现场，证人的证词十分重要，因为当时的案发现场只有一个证人，被告言之凿凿地说自己是被诬陷的，但是原告一口咬定是被告杀了受害者。双方陷入胶着，法院一致认为这场审判的关键就在于证人的证词。被告的辩护律师相信被告无辜，于是重新勘察了案发现场。

第二次开庭的时候，律师问证人："你说你当时站在离被告二三十米远的地方，你是凭对方的衣着认出对方吗？"

证人说："不是，因为当时月光很亮，我清清楚楚地看清了他的脸。"

律师说："你撒谎！法医鉴定死者的死亡时间是晚上11点，而案发时间经过法医的断定是在10月18日，但是10月18日是上弦月，晚上11点的时候月亮早就下山了，你从哪里见到的月光？"

证人垂下了头。

律师的聪明之处就是用既定的事实来揭露对方的破绽，上弦月的时间是固定的，而月亮下山的时间同样也是固定的，那么对方说"当时月光很亮"明显属于撒谎。

挑开漏洞，让对方的话相互抵触

当对方要表达一个观点的时候，通常会用论据来做说明，如果我们能挑出他论据中的漏洞，或者是让他的论据和论点相互抵触的话，那么对方的观点即不攻自破。

周星驰主演的电影《九品芝麻官》中，提督之子常威垂涎秦晓莲的美色，趁机迷奸，事败后杀其夫家13口，又收买证人，反诬告秦晓莲和家丁私通，而诬告的证据就是秦晓莲仰慕家丁的文采，曾经给他写过"两情若是久长时，又岂在朝朝暮暮"的情诗。后来包龙星为秦晓莲翻案，拿出一张纸说这是当初秦晓莲给家丁写的情诗，让家丁念。家丁念到最后发现多了几个字，原来不是什么"两情若是久长时，又岂在朝朝暮暮"，而是"床前明月光，疑是地上霜。举头望明月，低头思故乡"。原来家丁根本就不识字，何来秦晓莲仰慕他的文采之说？

包龙星就是用这个方法反驳了常威一方，挑开了家丁说话的漏洞，让常威一方的说法不攻自破。

> **巧嘴小课堂**
>
> 反驳也需要技巧，不能用扣帽子代替反驳，也不能用喊口号来代替反驳。我们的反驳讲求有理，这样才能让我们的反驳站住脚；有据，让我们的反驳更可信；有节，不至于招致对方恼羞成怒。

用"正确"的观点推断出荒谬的 **结果**

　　如果遇到荒谬的观点，我们完全可以利用逻辑和机智来反驳对方，这样不仅能让反驳更有力，同时也能让我们的反驳充满趣味。

　　在日本的江户时代，一位穷苦的读书人住在一家咸鱼店的楼上。他生活十分清苦，每天只吃一碗糙米饭。但是大家发现读书人吃糙米饭也是津津有味的，都很奇怪，于是纷纷问他："为什么你过得这么清苦，却吃糙米饭也能吃得津津有味？"

　　读书人开玩笑说："那是因为我有个好邻居啊，每天我都能闻见咸鱼的味道，我就着咸鱼的味道吃糙米饭，就像真正吃到了咸鱼一样。"

　　狡猾的店主听了，第二天便向读书人索钱，理由是咸鱼的味道是咸鱼的一部分，闻到了味道便跟吃到了咸鱼一样。

　　只见读书人不慌不忙地摸出几枚银角子，从左手倒到右手，又从右手倒到左手，银角子相互碰撞发出叮当的脆响。

　　读书人跟店主说："我也承认咸鱼的味道是咸鱼本身的一部分。你听见银角子的响声了吗？"

　　"听见了，听见了！"贪婪的店主伸手就要去拿银角子，读书人又说："就像是咸鱼的味道是咸鱼本身的一部分一样，这银角子的响声也是银角子的一部分，所以我已经付过你钱了，因为你已经听过银角子的响声了。"

店主尴尬离去。

店主将"咸鱼的味道"等同于"咸鱼"，这种混淆是非的荒谬观点证明其多么无赖。读书人的聪明之处就是欲擒故纵地借用店主貌似正确的观点，推出一个同样荒谬的结论——既然咸鱼的味道等同于咸鱼，那么银角子的响声就等同于银角子。

欲擒故纵，同意对方的论点而后推断出荒谬的结论

在人际关系中，赞同的声音让人愉悦，而反对的声音总是让人不快。所以，不妨先赞同对方的论点，而后从对方的论点出发推导出一个有悖于常理的结论出来。这个时候，对方肯定哑口无言。

"这个世界上没有不会撒谎的男人，只是各自撒谎的水平不一样而已。因为女人生性猜忌，坦诚相告可能引起更多的问题。"肖剑是这一理论的忠实拥护者。

这不，肖剑虽然跟前女友藕断丝连，但是跟现女友一再声明，自己跟前女友早已一刀两断。现女友笑而不语，这更让肖剑沾沾自喜。现女友忽然丢过来一个问题："除夕那天晚上，你在哪里？"肖剑一听头皮发炸，因为除夕当天他跟前女友在初次遇见的咖啡厅喝咖啡，难道她看见了，不可能啊？于是肖剑说："我除夕那天晚上，站在阳台上看月亮想你！"

现女友笑吟吟又问："真的？"

"当然，那天晚上皓月当空，我却不能同你在一起，只能感慨一句，但愿你我天长地久，虽然天各一方也能共一轮满月。"

现女友说："哦，这样啊。只是除夕是腊月三十啊，我怎么记得月亮在农历的月初月末都是个月牙呢？好奇怪啊，你的除夕怎么能看见一轮满月呢？"

肖剑面红耳赤，干笑无语。

现女友没有直接驳斥肖剑的说法，表面上看她是认可肖剑的话的，然而从肖剑的话中直接引申出一个违背常识的事实。这样的反驳比直接反驳更有力量。

先抑后扬，同意对方的观点，引申出自相矛盾的结果

这个方法讲述的道理其实很简单，如果从想要反驳的话语中找到一个观点，并以此观点引申出另外一个观点，但是这个观点和原本的观点自相矛盾，那么对方的话语堡垒自然不攻自破。

一家工厂起诉保险公司，要求保险公司为前一段时间发生的工厂事故理赔。保险公司则言之凿凿地认定工厂的医生鉴定书全是伪造，意图诈骗巨额赔偿。然而工厂不仅有医生开具的伤残证明，而且还有35名人证，他们都纷纷作证，自己的身体——或者是肩膀或者是腿——在上次的工伤事故中被升降机轴砸到。其中有个证人说："我的肩膀被砸后，到现在已经三个月了，却始终没有抬起来。"被告律师沉着地问："既然如此，你的伤是很严重了，可是

你没有受伤之前能举多高呢？"他的话音未落，证人立刻抬高了手臂，说："能举这么高！"大家哄堂大笑，法官立判工厂败诉。

这个证人是在作伪证，律师先是认可了他的话，而后诱导出一个自相矛盾的结果，使工厂方面的起诉得不到法庭的支持，被判败诉。

巧嘴小课堂

用貌似正确的观点推导出荒谬的结论，颇有"以其人之道还治其人之身"的意味，但是要注意，一定要等到对方把话说得不留余地的时候再反驳，这样才不会给对方可趁之机翻案。

权威的数字是 **反驳的利器**

先看一个笑话——

员工想请假一天，老板不批。理由是："一年有365天可以工作，可一年12周，每周休息2天，剩下261天工作。你每天16个小时休息时间，要减掉170天，只剩下91天。每天你花费30分钟吃午饭，加起来每年23天，剩下68天。每天午休的时间还超过了1个小时，你又用了46天。只剩下22天，每年有5个节假日，你只工作17天。每年春节7天带薪假，这样你只工作10天。通常你每年请假9天，算起来你只工作1天！就工作1天，你还要请假？

我们认真分析一下，如果我们把老板话语中的数字去掉，那么老板的话就完全无法成立。看，数字就是有这样的魔力。

让我们看一个生活中的场景：

某公司领导训斥新晋员工王一新："你看看你，入职3个月取得什么成绩了？业绩上不去就算了，拜访量也上不去？成绩一直是倒数，好意思吗你？"

别的领导看不过眼说："小王的成绩不算亮眼，可他一直在努力。你看，他在第一周的客户拜访量就超过标准值的10%，每周还都处于递增状态。他的业绩也在不断增长，入职第一个月他的成交单只有3单，可是这个月他的成交单已经到了15单，很多新入职的员工有的半年多了成交单也不过这个数。他的排名倒是一直是倒数，可是第一个月是倒数第一，这个月是倒数第四，还是在进步呀！"

一番话说得另外一个领导竟然无从应对。

如果换一种说法："小王的成绩不算亮眼，可他一直在努力。你看，他不停拜访客户，这个月也有成交单，就是至今排名是倒数。"听上去也像那么回事，可是绝对没有引用数据的说服力强。

另外，用数字说话，就是用客观事实说话，就事论事，不至于引发对方的联想，能有效缓和人际关系。

用数字反驳他人，需要注意几个要点。

数字要准确

并不是所有的数字都能说话，必须挑选真实的、没有水分的数字。驳斥他人是一件很严肃的事情，有人可能会想："数字有点儿问题也没有太大的关系吧？"这种想法绝对错误，哪怕100个数字中有一个被证明是假的，说服力也会彻底丧失。

张元明参加例会时又被批评了。

赵总说："现在是几月？11月，大旺季。为什么业绩这么差？张元明你得给公司一个交代，这么多钱的投入，你花哪儿去了！"

张元明事先知道可能有狂风骤雨，提前做了准备工作。他把文件发给在座的老总们，说："各位老总请看，这是我们公司这个月的营收，以及相关花费。"

赵总眼尖地指出："我记得德胜公司这台设备的报价是2700元一台，3年之内免费调试、维修、更换零件。你的报表上怎么调试、维修、更换零件还花掉1900元？这钱花哪里去了？"

张元明的额头立刻沁满汗珠。

用数字说话没错，但是不准确的数字、编造出的数字不仅没有说服力，还让人对其他真实的数字也产生怀疑。

数字要权威

用数字驳斥别人一定要具有权威性、代表性，有必要的时候甚至应该多花几分钟的时间，简单介绍一下数据来源。

丈夫说："这个××食品不错，可以给宝宝多吃一点儿。"

赵美美和丈夫说："咱们家宝宝可别吃××食品了，××食品里面有致癌物，听说咱们市有3个宝宝总是吃这个就得了白血病。"

丈夫说："你从哪里看到的新闻？"

妻子说："我是从微信朋友圈里看到的。"

丈夫说："微信朋友圈里假新闻多，甭信！"

为什么妻子没有说服丈夫，因为她提供的数据不够权威，很有可能属于以讹传讹。

数字要分析

数字就像是坚硬无比的矿石，如果我们想要用它做驳斥人的利器，就需要对其进行冶炼、铸造。

当我们驳斥别人的时候，直接甩出一大堆数字，并不会生成说服力，所以，必要的分析不能省。

闺蜜说："我觉得××牌的衣服越来越不流行啦。"

祝慧说："你不知道？××公司花费了100万元请××做代言，又花费了将近700多万元签约了L设计师。这还不算，又花费了7000万元在《××××》电影里植入广告。"

闺蜜反问："然后呢？"

对呀，然后呢？花费的数据很详尽，可是和你要表达的主题相关联吗？所以，别以为说出数据就完事大吉，没有经过分析的数据，即便有杀伤力也很有限。

巧嘴小课堂

我们选择的数据一定要具体、权威、真实，以免反驳不成，反被对方找到漏洞，将了一军。

此处无声胜 **有声**

"用沉默对待他人的非议，于强者是一种风度，于弱者是一种智慧。"这是2010年第9期《领导文萃》某篇文章中的一句话。这似乎折射了一种状态，对于一切我们看不惯的说法乃至对我们的诽谤甚至争议，不屑于争也无意去争。这是人生的风度，是人生的智慧，而这种风度和智慧完全凝结，无非"沉默"二字。

"一个成功的女人背后站着一群男人！"这是单位很多不怀好意的人对销售冠军康文博的评价。有人说她是总经理的外甥女，有人干脆说她是总经理的情人——要不然她一个新人怎么才上班就成了销售冠军？

康文博不解释，她继续保持工作的热情和强度。第一个月是销售冠军，第二个月是销售冠军……第一年是销售冠军，第二年还是销售冠军……连续蝉联了5年销售冠军，从普通员工升任大区经理，没有人再对她的专业和敬业说三道四。

另外，我们在占据优势的时候也切记要低调沉默。

年终评优，大家都把目光集中到了大龙的身上。要说今年的任务完成额，大龙绝对排第一。大家纷纷关注大龙的神情。

按道理说，大龙理应极度兴奋才对，谁知道他没有。对于老总的表扬，同事的羡慕，客户的夸赞，大龙沉默微笑以对。大家关注了两三天，看大龙没有回应，兴致也就减了。

木秀于林，风必摧之，这种现象是普遍存在的。大龙在这个时候只要一言不对，便可能被人冠之以得意忘形的帽子，所以，大龙选择沉默是明智的选择。

巧嘴小课堂

沉默不是退让，不是懦弱，是一种处世的大智慧。

第十一章

说好幽默话，
与任何人都聊得来

美国一位心理学家说过："幽默是一种最有趣、最有感染力、最具有普遍意义的交际艺术。"人际交往并不总是顺畅的，当遭遇面面相觑的冷场、面红耳赤的尴尬……这个时候幽默一下，可以帮助你轻松应对一切：打破冷场，化解尴尬，消除误解，积聚人气……

开场的幽默能抓住所有人的 **"耳朵"**

"好好发挥,给别人留个好印象!"

"刚到单位勤快点儿,第一印象好点儿。"

"好的第一印象是相亲成功的一半!"

…………

第一印象之所以重要,源于心理学中的"首因效应"。人际交往中,第一印象会给人留下最深刻的印象。如果你留给人的第一印象非常好,那么人们就乐意和你接近,为日后的人际交往打下基础。

想要给人留下深刻的、积极的第一印象,可以选择幽默作为你的开场首秀。

幽默,就像是《变相怪杰》里的面具,只要戴上它,每个人都有了神奇的魔力。最大的魔力在于,有了幽默,人们可以变成社交高手,展示自己绝佳的人格魅力,进而轻松建立良好的社交关系。尤其是在开场的时候,如果能将幽默运用得宜,那么效果如有神助。

让我们领略一下幽默的魅力。

张朕镇离开了工作5年的原单位,来一家新公司应聘,面试的人很多,很快就轮到了他。

"您好，您的简历我们已经看过了，您可以省去自我介绍。您直接回答我们一个问题，为什么离开原单位呢？"

"我在我原单位工作了5年，对它很有感情，但是我不得不走，我有苦衷。"

面试官们很好奇："有什么苦衷呢？"

"就是太没脸了，没法在那里继续待了。一个月前我的直属领导告诉我们，带着吃饭的家伙去和大BOSS见面。"

"然后呢？"

"大家都带着自己的笔记本，只有我，带了一双筷子，一只碗！"

"哈哈哈哈——"

最后张朕镇成功被录取。我们不能绝对地说他的幽默起了决定性作用，但是绝对是给他加分了。

他的幽默非常有技巧，先是铺垫，成功调动起对方的好奇心，再用自嘲的方式推出幽默答案，让大家开怀大笑

选择幽默作为开场，可以像案例中一样，用自嘲的方法。

自嘲的幽默开场

美国著名的黑人律师约翰·罗克勤受邀参加演讲，演讲的主题围绕解放黑人奴隶展开。他是这么开场的："亲爱的女士们、先生们，我来到这里，是为了给这个场合添加'色彩'……"众人哈哈大笑，原本对于这个话题有些抵触的人也放下了敌意。

面对台下的白人听众，如果他义愤填膺、痛陈蓄奴制度的罪恶，那么很可能会收获一大波敌意。如果他上来就和他们攀交情，不仅丧

失尊严，同时还离题万里。用自嘲的方式，既缓和了现场气氛，又令人耳目一新。

段子鸣锣开道

幽默也需要天分，若没有这样的天分，还想在开场的时候迅速抓住别人的耳朵，就可以让段子来帮忙。

魏智慧新入职，向老员工们介绍自己的时候灵机一动，活学活用刚看到的段子："我未必会是最谦虚的，我未必会是最棒的，我未必会是能力最强的……大家好，我是魏必慧……"。大家哈哈一乐，魏智慧又说，"我是魏必慧的哥哥魏智慧……"

魏智慧的这个开场白非常讨巧，让很多人记住了他。

巧嘴小课堂

幽默开场，并不是每次都能达到效果，需要看具体场合。在庄重的场合，幽默就不合时宜。而在娱乐的场合，要少说地球人都知道的幽默段子，以免气氛尴尬、冷场。

说话加点儿料，胜过乏味的**千言万语**

张良结婚了，亲朋好友捉弄他，在婚礼上颇多刁难，不让司仪相帮，让张良自己介绍恋爱过程，如果不能活跃全场便要喝下一瓶白酒。

张良很聪明，说道："我是新郎，我姓张，我的新娘子姓顾。我们在还没有认识时，我是东'张'西望，她是'顾'影自怜。我们认识之后，我'张'口结舌去找她，她说她已经心有所属，我于是'张'惶失措，劝她改弦更'张'。在我的再三请求下，她终于'顾'此失彼，我大'张'旗鼓地追求她，她左'顾'右盼地等着我。时间久了，我便明目'张'胆，她无所'顾'忌。于是我便请示她择吉开'张'，她就欣然惠'顾'。"张良的诙谐介绍令大家喜笑颜开，整个婚礼现场的气氛充满喜庆。

由此可见，幽默话语能让听众喜不自禁，胜过乏味的千言万语。

有人或许不以为然，会讲笑话有什么了不起。其实，会讲笑话可不是幽默。如何让你的言辞机敏幽默、不落窠臼呢？这里有些小方法。

庄词谐用

所谓的庄词谐用，就是故意曲解一些看似很庄重的词汇，这种反差常常让人会心一笑。

小毛迟到了，这是小毛的第N次迟到，而且是被经理逮到的迟到，端端的不得了。小毛随后去经理室认错。

经理正襟危坐，问小毛："说吧，为什么迟到了？据我所知，这可不是你第一次迟到啊！"小毛立刻说："我哪里敢顶风作案，实在是家中爆发了妈妈们的战争。我这后院起火，穷于应付，焦头烂额啊！"经理扑哧笑了，问道："几个妈妈？"小毛哭丧个脸："我的妈妈，她的妈妈，孩子的妈妈！"

经理肯定不会跟小毛继续纠缠下去。"妈妈们的战争"，"战争"二字就属于典型的庄词谐用。

借讳言应对法

这个方法是防御系的。当我们在人际活动中遇到一些让自己为难的问题，不想回答，不能回答，这个时候就可以借用讳言应对，既风趣，又得体。

何萧和曹升隶属一个部门，两人平素关系很要好，属于无话不谈的那种。有一天，经理急匆匆地找到何萧，耳语了一些事情，然后就离开了。曹升凑到何萧跟前问道："经理跟你说了些什么啊？"何萧很郑重地说："你能保密吗？"曹升几乎迫不及待地说："我能啊！"何萧神秘一笑："我也能。"

大家试想一下，何萧要是公事公办予以拒绝，恐怕两个人之间的友谊之花就要面临一场冬霜了。

岔断法

在人际关系中，打岔是不被欢迎的，但是岔断可不一样，是利用人的言行模式和思维模式的逆反性，打个比方说，"1"后面是"2"，但是当"1"出现的时候没有出现"2"，但是却出现了跟"2"不同却也有关联的"乙"，人们的心理期待忽然扑了空，这种出乎意料往往能让大家大笑起来。

《8分钟速配》是一档很有趣的节目，因为大家总能从里面看到很多让人忍俊不禁的段子。一次节目中一个其貌不扬的男嘉宾牵走了一位漂亮的女嘉宾。男嘉宾对女嘉宾说自己曾有一次去见网友，非常忐忑，直到见到网友不由得发出惊呼："好漂亮！"女嘉宾说道："很美的美女吗？"男嘉宾说："是啊，很美的美女叔叔！"女嘉宾哈哈大笑。

" 巧嘴小课堂

使用幽默，三种情况需要注意：幽默并不是过分的夸张，夸张只会让人感觉说话的人缺少涵养；幽默也要注意一个度，过犹不及，过度的幽默让人对幽默"惊艳"的效果感到疲软；幽默要注意场合，在不适合幽默的场合幽默，效果只能是让人反感。

"

幽默的自我介绍更容易让人 **记住你**

自我介绍是向别人展示自己的一个很重要的手段。什么时候需要自我介绍呢？当然是在面对陌生交往对象的时候了。这个时候，自我介绍直接会关系到你给别人的第一印象的好坏。

刘若丹是单位的名人，就是因为他的自我介绍让大家太过印象深刻了。他身高一米七九，曾经是教师，戴眼镜，相貌还可以，刚进单位的时候默默无闻，等到自我介绍的时候一鸣惊人。他是怎么介绍的呢？

"我叫刘若丹，性别大家看着办，身高有点儿遗憾，因为差一厘米就到一米八了。曾经是一名光荣的人民教师，我也保证今后对待工作仍然像人民教师对待工作一样：一丝不苟、坚持负责。"

刘若丹的自我介绍让大家记忆深刻，就在于启用了幽默作为武器。具体怎么操作幽默这一武器呢？

活学活用经典

当《大话西游》风靡的时候，几乎每个人都会说："曾经，有一份真诚的爱情放在我面前，我没有珍惜，等到我失去的时候才后悔莫及。人世间最痛苦的事莫过于此……"是的，一部热播剧总会有一些让人听过难忘的台词，随即成为一个阶段的流行用语。我们完全可以参考这些经典台词进行自我介绍，绝对能让听众莞尔一笑。

过尽千帆皆不是的心情谁没有，兜兜绕绕哭哭笑笑的秦子墨，最终还是回到了单身的原点，又被好友拖去相亲。

眼前的男人其貌不扬，秦子墨意兴阑珊，打算敷衍一下就离开，这时候对方开口了："自我介绍一下。我，岁数已经不小了，日子小康，抽烟不喝酒，留学生身份出去的。在国外生活过十几年，没正经上过学，蹉跎中练就一身生存技能。现在学无所成海外归来，实话实说应该定性为一只没有公司、没有股票、没有学位的'三无伪海龟'。性格OPEN，人品五五开，不算老实人，但天生胆小，杀人不犯法我也杀不了人，伤天害理了自己良心也备受摧残，命中注定想学坏都当不了大坏蛋。总体而言基本上还是属于对人群、对社会有益无害的一类。"一番话说得秦子墨笑靥如花。

这段自我介绍便是活学活用了《非诚勿扰1》的经典台词，不过秦子墨属于不看电视、不看电影的女人，被唬住了（即便她看过电影，也会为相亲对象的幽默所折服）。

拟物化的介绍

有时候想想，人还是有几分吃亏的，物品一般来说都有专门的说明和介绍，即便是植物，字典上也会注明是草本植物还是木本植物，若是碰上周瘦鹃般爱花的文人，也会给花系统地做个文采卓越的说明。既然在自我介绍上，人不如物，何妨拟物化一次？虽然说"人为万物之灵"，但是偶尔"降尊纡贵"一回，也无伤大雅。

这次的演讲比赛，花落李跃家。要说李跃并不是最出色的，也并不是演讲得最棒的，只是他的开场白太幽默了，让那些听惯了"本人姓甚名谁，所属地，演讲题目是……"之类的三部曲的评委耳目一新。

李跃上台后深深地鞠了一躬，说："本人李跃，1983年出品，产地江苏，到目前为止，产品质量没有出现过任何问题。当然即便出现问题，返厂的可能性也不大。本产品的最大功能是按照气氛调节语言，这种功能可以申请非官方的吉尼斯奖。同我一年出品的名牌产品有黄圣依、郭敬明等。"大家捧腹不已。

用拟物化的介绍，不仅让人耳目一新，而且不落窠臼。

" 巧嘴小课堂

　　自我介绍，最忌平淡无奇，不能够把个人的特点展示出来。用幽默的方式作自我介绍，哪怕是用一个笑话，作为开场白也比平淡无奇要好。

你的魅力在于用幽默化解了他人的**尴尬**

即便是圣人也曾"以貌取人，失之子羽"，何况你我肉眼凡胎，哪有不做错事情的时候。自己或者他人做错事情的时候难免会尴尬。这个时候，出之以幽默，瞬间就能将尴尬化解得一干二净。

梦萍认为悲观者会不幸，因为他们看任何东西都是悲观的，何言幸福。但是如萍并不这样认为，她觉得正是因为悲观的人用悲观的眼光看待问题，便能未雨绸缪，防患于未然。两个人就这个问题各发宏论，你一言，我一语，最开始的时候还好，尚且能保住君子之争的风度，但是到后来越来越变味，简直是小规模的吵架了。依萍赶紧过来说："你们在说什么？"两个人将各自的观点呈现，然后气呼呼地要依萍评判。

依萍说："哎呀，要把这个问题弄明白，比国家足球队赢球还困难。根本就是见仁见智的事情嘛。"两人一听，情绪才平缓下来。

无论依萍说如萍对还是梦萍对，都少不了一番新的口角，这个时候用幽默的语言，帮助争论双方换一个角度来看待争执点，就化解了彼此的对立情绪。

那么怎样让幽默顺利地化解尴尬呢？

自嘲是法宝

美国前总统克林顿因为性丑闻被围攻，而他的妻子希拉里比他更加尴尬，因为她面对的不仅是克林顿政治生涯的结束，还有丈夫对妻子的背叛。偏偏还有记者不依不饶，当着希拉里面问克林顿："总统对于媒体对您与莱温斯基小姐绯闻的报道作何评价？"克林顿面对这样的情况，从容不迫地说道："取笑我的话已经被人都说光了，再也没有人能说出新鲜的了。"在场的记者顿时语塞。

克林顿的幽默很圆滑，自嘲中有反击，驳斥记者不能说出新花样，同时幽了自己一默，从容化解棘手问题，顺便帮希拉里消除了尴尬。

将错就错

当对方尴尬的时候，不妨将错就错，幽默地帮对方化解尴尬。

小黄在一家中日合资的企业上班，上班一年多连大BOSS的面都没有见过。这次小黄要搬运很多的东西去16楼，但是东西太多了，他一个人实在是搬不动。于是小黄病急乱投医，抓住一个人，告诉他若帮自己搬到电梯口去就给他50元，男人答应了。

当男人帮小黄搬完东西，小黄要掏钱的时候，小黄的经理出现了，只见他对着那个男人恭恭敬敬地鞠了一躬。小黄心想，坏了，据说经理除非遇见了大BOSS，否则在谁面前都是一副鼻孔朝天的模样，那个男人肯定是大BOSS无疑。这下小黄可就尴尬了，僵立着，手里拿着一张50元的人民币不知道该咋办。

这个时候大BOSS把小黄手中的50元拿了过来，风趣地说："这50元是我应得的报酬！"这句话让小黄的尴尬顿时消除了。

这种将错就错，类似于京剧中的插科打诨，用幽默的力道卸去对方的尴尬。

借力打力

尴尬也分自然形成和人为形成，人为形成的尴尬本意恶劣，而且过分。这个时候你若想为他人解围，不妨用幽默还击。幽默的素材最好取材于对方的话题，让其自食苦果，将尴尬不知不觉乾坤大挪移到对方处。

几个农人在田里劳作，遇一穷酸文人。穷酸文人想奚落农人，对着一个农人发问道："请问这位老乡，你可有令尊？"农人错愕，因为他不知道"令尊"为何物。这个时候，他的一个知道"令尊"是什么意思的伙伴反问文人："令尊是什么？"文人狡黠地回应："便是儿子的意思。"农人的伙伴不动声色地说："原来如此。那么你有几个令尊？"文人没有料到农人会有此一问，一下子愣住了，不知道该怎么应对。

"原来你膝下无子，我倒是有两个儿子，可以过继给你一个作为令尊。"农人伙伴说。

文人垂头丧气地走了。

这便是借力打力的妙处——幽默反击尴尬制造者，让其自讨没趣。

巧嘴小课堂

　　幽默能帮人从难堪问题中潇洒地解脱出来，但是选取的角度一定要恰当，不能一个问题解开又产生新的问题。在重要场合的幽默一定要运用自然，不要刻意，着了痕迹反倒容易尴尬。

遭人误解别生气，幽默一句换 **人心**

既然是遭到别人误解，也就是说他们的认识出现了偏差。那么，既然是他们的认识出现了偏差，为什么我们不能夸张地演绎一下，让他们明白自己的认识有多离谱呢？

安娜是办公室最不受欢迎的人，她的外号叫作"冰山"。一个女人，如果被称之为"冰山美人"，尚且有美人的姿色削减冰山的冷漠，但是如果只是一座冰山的话，那么冰冷而且坚硬的个性着实让人吃不消。

每一个进办公室的人都被告诫一定要离安娜远一点儿，即便安娜对他们和颜悦色，他们也是抱着多一事不如少一事原则，对安娜敬而远之。直到安娜为下属们召开一个酒会，酒会上发生了一件事情，才让大家明白原来误会了她。

酒会上有一个喝多了酒的员工没能管好自己的嘴，竟然举着红酒问安娜："为什么大家都说你很可怕呢？"全场顿时鸦雀无声。

只见安娜举起酒杯回敬那个员工，笑着说："为什么大家都说我可怕呢？我也在想这个问题。我想大概我以前吃过人被大家看见了？"全场默然3秒钟后，爆发出一阵欢笑。

安娜用幽默的话语打破了别人认为她冷漠如冰山的错误定位。

文斌十分喜欢艾琳，但是艾琳对他没有任何好感，不但没有任何好感，还带有莫名的敌意。文斌不明就里。换作一般男孩，就转换目标了，天涯何处无芳草。然而文斌不认为自己在什么地方得罪了艾琳，而且艾琳也不是那种看见别人喜欢自己就对对方有敌意的女孩子。文斌给自己打气，于是他继续接近艾琳。艾琳终于沉不住气了，直接问道："你经常背着你女朋友向别的女孩献殷勤？"文斌这才明白误会出自哪里，就笑着回答："事实上，我经常想背着女朋友去搭讪女孩子，可是一直没有找到机会，因为我现在一直没有女朋友。你听谁说的我有女朋友？"艾琳的脸色和缓起来。

文斌之所以能让艾琳改变态度，第一，他敢于沟通；第二，他善于幽默沟通。

巧嘴小课堂

面对他人对自己的误解，我们要学会运用幽默话语来向对方澄清，让对方明白真相以后改变自己的态度。在向对方澄清的时候，切忌幽默过度，幽默过度容易让对方以为你在嘲笑他，会使得误解进一步加深。

幽默自嘲 **聚人气**

如果说幽默是活络人际关系的有效方法，那么自嘲就是"公鸡中的战斗机"，是幽默的最高境界。我们普遍认为，能自嘲的必须是智者中的智者，高手中的高手，没有豁达的心胸，没有乐观的态度，没有超脱的境界，没有调侃精神的人，是无法做到自嘲的。自嘲的好处也是很多的，它能缓解人际关系中所有的尴尬，能应对所有你即将或者已经遇到的窘境。

普京在圣彼得堡参加一个慈善晚会，为了给晚会助兴，他摘掉领带登台献艺。

普京说："像多数人一样，我唱得不好，弹琴也远非专业，但是我喜欢这些活动，所以接下来，希望大家宽容对待我的表演。"全场的目光一下子集中到舞台上。

普京在一架钢琴前坐定，优雅地弹起了《祖国从哪里开始》。他一边弹，一边唱，现场嘉宾都跟着一起唱。完了之后，普京风格一转，用英语唱起了经典歌曲《蓝莓山》，场上气氛更加热烈。

普京唱得不错，弹得也很专业，他的自嘲艺术也堪称一流。

成龙也是自嘲的高手。在受文化讲坛的邀请演讲《"相信"一种力量》的时候，自认"没有文化"的他对这次演讲显得"诚惶诚恐"，并且说："我被骗了，我以为是来接受采访，没有想到是参加文化讲坛，这里的观众哪怕是小学生都比我有文化，我哪有资格讲文化？我连学都没有上过。"

成龙主动自曝短处，因为他真的是小学没有毕业。成龙的自嘲很真诚，单就他的这份勇气和气度，媒体也不会针对他的文化水平大做文章，相反，倒很有可能就他的成功重申一个说法——英雄不问出处。

❝ 巧嘴小课堂

　　自嘲不是出自己的丑，把握分寸很重要；要超脱，不应尖刻或沉重。

❞

274